出口 汪
Hiroshi DEGUCHI

大学受験シリーズ

現代文講義

評論編

水王舎

いちばんわかりやすい！ 実況 論理国語

現代文講義 評論編

目次

はじめに ――この本の有効活用法

皆さん、こんにちは。出口汪です。本書は「ただよび」シリーズの一冊で、私の最新の講義を、実際に授業を受けているように読んでもらえる本にしたものです。誰にでも理解できるようなわかりやすい講義を心掛けていきますので、ぜひご期待ください。

さて、現代文とは非常に曖昧な科目だと考えている人が多く、そのために勉強の仕方がわからない、あるいはとくに勉強しなくても何とかなると思い違いしている人がとても多いのではないでしょうか。

高等学校の学習指導要領は12年間に一度の大幅な改定がなされ、二〇二二年度より実施されます。この改定の大きな目玉の一つとして、国語の中に論理国語という新科目が登場することになりました。つまり、現代文とは決して曖昧なものではなく論理的な科目であるということが国の方針として決定されたわけです。大学の入試問題は、今後これにもとづいて作成されます。本書も現代文を論理の科目と規定し、一貫した論理的な読み方、一貫した論理的な解き方を提示することで、誰でも確実に問題を解く力がつくように工夫されています。

では、現代文を論理の科目と捉えると、何が変わるのか。これがとても重要なことなのです。この講義で身に付ける現代文の力とは、英語、数学、国語、理科、社会の中の一つである国語、さらに現代文、古文、漢文の中の一分野にすぎない現代文を解く力ではありません。英語や古文、漢文、さらには数学の文章問題、理科の実験問題、社会の資料問題など全ての科目の土台となる読解力です。そして、この力は思考力、論理力を鍛えることにも繋がり、さらには小論文、大学での論文の読み書きにも威力を発揮するものです。このような目的をもって講義された本書ですので、おそらく皆さんは単に現代文の成績が上がるだけでなく、全ての科目の成績がアップすることを体験できると思います。

それでは、実際にどのように現代文を勉強すればよいのでしょう。本書を一冊やり終えたら、現代文とはどういうもので、どのように文章を読み、どのように解くかがわかり、目からうろこが落ちるような状態になると私は確信しています。しかしながら、本書の問題を全て理解したところで、実際の試験では初めて見る文章を自分の力で読み、問題を解かなければなりません。したがって、本書で読み方、解き方を理解したら、次はなるべく多くの文章を読み、問題に答えることをやっていく必要があります。

単に現代文の点数を取るためだけであれば、そこまで多くの問題を解く必要はないのですが、先に述べたようにあらゆる科目の土台となる読解力、思考力、論理力を養成していくわけですから、これは徹底的にやるべきだと思います。この力がつけば、他の科目もどんどん伸びてきます。逆にいうと、このような本当の意味での国語力がなければ、どの科目もいくら勉強しても頭打ちになってしまうのです。ですから、なるべく早いうちに論理的な現代文の学習のしかたを理解し、どんどん練習を積み重ねてほしいと思います。

本書は、基礎を知り、学ぶための一冊です。ですから、できるだけじっくりと問題を解いてください。そして本書をやり終えた後は、論理的な読み方、解き方をしっかりと意識して、私の執筆した数多くの問題集に取り組んでください。このときは、自分のレベルよりも少し低いものから始めることがコツです。まずは無理をせずに、簡単なものから徐々に難しい問題を解いていってほしいと思います。

ある程度練習問題を解いたら、次はいよいよ過去問を使って実戦練習に取り組みましょう。これは入試が近づいてからで十分です。しっかり力がついていないうちに過去問をやっても、自信をなくすだけであり、本当はさほど難しくないのに、入試問題はすごく難しいものだと思ってしまうこともあります。ですから、過去問を使った演習は受験の3か月ぐらい前から始めれば十分じゃないかなと思います。それまでは力をつけることが大切です。

では、どれだけの問題を解けばよいのか。これは人によって違います。というのも、一人一人の活字体験の量はそれぞれ異なっているからです。今まであまり本を読んだことがない、問題を解いたことがない人は、活字体験が不足しているといえます。ですから、本書で読み方、解き方がわかったとしても、いきなり文章が速く正確に読めるようになるわけではありません。

例えば野球のイチロー選手が自分の打撃を一冊の本にしたとしましょう。その本を読めば、「なるほど、こうすればいいのか」とわかるかもしれないけれど、練習もせずに同じことができるかといえば、これはまったく不可能であることは当たり前ですよね。ところが現代文の勉強では、この一冊だけで十分だとか、これを一冊やれば成績が上がるとか、こういった謳い文句がまかり通っていて、これにだまされてしまう人もいるんですね。

もともと評論などの難しい本をたくさん読んでいて、多くの問題を解いている人であれば、本書一冊で読み方、解き方がわかり、それだけで大幅に偏差値をアップさせることができるかもしれません。しかし、これは今までに多くの文章を読み、たくさんの問題を解いてきた一部の人だけに当てはまることで、自分がどうなのかということは、おのずとわかると思います。

ですから、力がついたと思えるまで、なるべく多くの問題を解いてみることです。本当に力がつけば、今までと読み方、解き方がまるで違ってきたことが、自分で実感できます。また、どんな入試問題であっても速く読めて、高得点を取ることができるようになります。こうして、もう力がついたなと思ったら、練習量は減らしても大丈夫です。週に2〜3題、最後は週に1〜2題と、無理のない練習量にすればよいと思います。

では、最後に本書の取り組み方を説明しておきましょう。まず問題を自力で読んで、解いてみること。なるべくじっくりと取り組んでください。そのとき、自分がどう読んだのか、どう解いたのかを意識しておくことがポイントです。問題を解いた後で本書の講義を読み、「自分はこう読んだけれども、先生はこう読んだ。自分はこう解いたけれども、先生はこう解いた」と比べることで、自分の読み方、解き方のどこが間違っていたのかがわかります。そして、最後まで読んだときに、読み方と解き方の基本がわかってきます。

本書は基本を身に付けることが目的ですから、一回だけでなく繰り返しやってください。答えを覚えてしまったと思うかもしれませんが、答えなんかどうでもいいんです。別冊を切り取って問題編だけを手元に置き、問題を読んで自分の頭の中で私の説明を再現してみてください。もし、答えを覚えていても、どのようにその答えを導いたのかをうまく説明できなければ、その箇所はまだ理解できていないということです。もし、そんな問題があれば、その解説を再度読み込んでください。そうすると、「そうだった、こういうことだった」とすっと解説が頭に入ってきて、自分のものにすることができます。

一回目に比べて二回目の復習はわずかな時間で終わります。しかし、そのわずかな時間の復習をやったかどうかで、結果が全然違ってきます。二回目が一通り終わったら、次は忘れた頃にもう一回やってみてください。そうして数回繰り返すことで、本書の問題のすべてを、頭の中で私と同じ解説ができるようになります。そうなったとき、はじめて論理的な読解力の基礎が身に付いたと自信を持っていいと思います。

量をこなすときは、何度も同じ問題を繰り返す必要はありません。なぜなら、英語や古文は同じ問題、同じ文章を繰り返すことによって英単語や古語が頭に入ってきますが、現代文には覚える要素がほとんどないからです。逆に初めて見る文章をいかに読み解くかが大事なのです。練習量をこなすときに一回やったものを繰り返していると、二度目だからできたのに自分の力がついたと勘違いしてしまいます。また初めての文章をたくさん読むのが辛くなってきます。ですから、本書は繰り返しやっても、量をこなすときは繰り返しやる必要はないと考えてください。

本書を手にした皆さんは、論理的な読み方、解き方を自分のものにすることができます。そして、現代文だけでなくあらゆる科目の力を伸ばし、さらには小論文試験にも対応できるように十分、準備してもらいたいと思います。

第1講

『現代社会をみる眼』

飯坂良明

●目標得点 35点

問題 ▶ P.2

本講のねらい

論理的に読むとはどういうことか、論理的に解くとはどういうことか、講義を始めるにあたっての、根本的な話をします。今までの皆さんの現代文に関する常識をひっくり返す、革命的な講義の始まりです。

設問はいつ解くとよいのか

第1講は、飯坂良明さんの『現代社会をみる眼』。今から講義をしていきますが、私の講義は問題の解き方を順番に教えるという形ではなく、もっとライブ感覚でやっていきます。つまり、私がどう読み、どう解いたのかを、なるべくそのまま再現していきます。ですから、皆さんには前もって問題を解いてもらい、自分がどう読み、自分がどう解いたのか。それに対して私がどう読み、どう解いたのか。どこが同じでどこが違うのか、それを意識して読んでください。

もう一つ、多くの問題集は本文の解説があって、その次に設問の解説があると思います。しかし、この本では今言ったように、私が読み解いたものを再現していきますから、そういった形は取りません。つまり、**問題を読んでいる途中で設問を解いた方がいいときは解く。いったん、保留にした方がいいときは保留にして後で解く。**

問題文を最後まで読んでから解いた方がいいのか、設問があるごとに読むのを中断して解いた方がいいのかという質問をよく受けますが、その答えにもなると思います。

「問題提起」は要点を捉えるチャンス

では、早速読んでいきます。**大事なことは自分の意識で文章を読むのではなく、筆者の意識で文章を読む。つまり、筆者の立てた筋道をしっかり追っていくっていうことです。その筋道が「論理」です。**

レジャーとはなにか。レジャーをいわゆる自由時間と区別しようとする論者もあれば、この両者を同一視しようとする人もある。デ・グレージアによれば、自由時間、つまり、仕事を離れた時間ということばは、何よりも時間の面を強調し、仕事から自由な一定時間をとりのけておくという意味がつよい。これにたいして、アリストテレスなどにみられるギリシャ的用法では、レジャーはむしろ一つの状態、しかも、何かある行為がなされても、それは仕事のばあいのように、ある目的のためになされるのでなくて、 A 行為、つまり自己目的的行為がおこなわれるような状態をさすものとされるのである。そしてこの厳密な規定からいうならば、われわれがこんにちふつうにレジャーとむすびつけて考えているような「娯楽」とか「レクリエーション」はほんらいレジャーのなかに入ってこないことになるであろう。というのは、これらのものは仕事の単調さ、つらさをまぬがれようとしてなされるものであり、そのかぎりではいぜん仕事に関係しているからである。

冒頭、「レジャーとはなにか」とあります。このような書き出しを「問題提起」といいます。筆者が質問をするんですね。レジャーとは何ですか?と。当然、筆者は答えを持っています。ですから、自問自答形式と言うこともできますね。では、なぜ筆者は自分で答えを持っているのに質問をするのかというと、読者にいっしょに考えてもらいたいからです。

つまり、大切だから問題提起をするんですね。ということは、その答えがこの文章の要点になる可能性が高い。だから、そこを探して読んでいきましょう。

文章は多くの情報で溢れています。それをただ読んで理解しようとすると、頭の中がごちゃごちゃします。そうではなくて、どんな長い文章でも、要点となる数か所をつかまえてやれば頭の中はすっきりするのです。要点以外は飾りに過ぎません。その要点となる箇所に線を引いて、しっかりと印をつけておくと、読み返すときに要点がわかります。設問を解くときは、そこから検討すればいいわけですから、時間内に早く解くことができるのです。

二つのレジャー観を読み取る

では、レジャーとは何かの答えを探していくと、筆者はデ・グレージアと、アリストテレスの二つの考え方を提示します。このように筆者が二つのものを示すときは**対立関係という論理**を使って意見を述べる可能性が高いと思ってください。その中でも、もっとも使われるのが対比です。大抵の場合、対比というのはどっちも大事ではなくて、片方だけが筆者の主張・要点になります。例えば、日本について言いたいから西洋と比べるとか、現代について言いたいから過去と比べるとか。そのとき、大事なのは日本であり、現代なんですよね。

読解のルール
対比は一方が筆者の主張、要点になる。

ここで筆者の立場はどっちなのかを考えると、こう書いてある。

デ・グレージアによれば、自由時間、つまり、仕事を離れた時間ということばは、何よりも時間の面を強調し、仕事から自由な一定時間をとりのけておくという意味がつよい。

デ・グレージアは、レジャーとは仕事に縛られない、自由な時間だと考えているんですよね。ということは、あくまで仕事中心の考えです。一方、アリストテレスはどうなのか。アリストテレスというのは古代ギリシャの哲学者です。そこで読んでいくと、

アリストテレスなどにみられるギリシャ的用法では、レジャーはむしろ一つの状態、しかも、何かある行為がなされても、それは仕事のばあいのように、ある目的のためになされるのではなくて、[A]行為、つまり自己目的的行為がおこなわれるような状態をさすものとされるのである。

デ・グレージアとアリストテレスがどう違うかというと、デ・グレージアは仕事中心の考えで、仕事で縛られていない自由な時間がレジャーだとするのに対して、アリストテレスは仕事とは関係ない

としている。レジャーとは仕事のように、ある目的のためになされるのではなく、「自己目的的行為がおこなわれるような状態をさす」。こう書いてありますよね。だけど、ちょっとぴんとこない、わかりにくいですね。そこで筆者はわかりにくいところには具体例を出してきます。次を読んでいきましょう。

本来のレジャー観とは

こうしたアリストテレス的レジャー観からいえば、真にレジャーの名に価する活動は、それ自身のためになされるような価値ある活動としての音楽や詩や哲学的観照などであり、それはわれわれがこんにち「高級文化」と名づけているようなものにかぎられるであろう。ちなみにレジャーにあたるギリシャ語の「スコレー」は、学校（スクール）や学者（スカラー）ということばの語幹になっていることも興味深い。レジャーをこのようにみることは、現代のわれわれにとって考えさせるものがあるといわねばならぬ。というのは、われわれにとって、レジャーとはせいぜい気ばらしやあそびや休息をいみするか、でなければ、仕事のつまらなさからの逃避をいみするものとして消極的従属的にしか考えられていないからである。

これが本来のレジャー観だから、線を引いておきますよ。アリストテレスのレジャー観とは、それ自身のためになされるような価値ある活動で、筆者はこれを本来のレジャーと言っているんです。**その具体例が、音楽・詩・哲学的観照など、われわれが高級文化と名づけているものですね。**皆さんは哲学の本を読むっていったら、それをレジャーと思っていないかもしれないけど、これが本来のレジャーなのです。ということは、今のレジャーは本来のレジャーではないといえます。

皆さんにとって勉強が仕事だとすれば、勉強して、ちょっと息抜きで遊ぼう、これが今のレジャーです。ちょっと息抜きで哲学的観照しようなんて、なかなか思いませんよね。われわれの娯楽・レクリエーションが仕事の単調さやつらさから免れようとしてされるものなら、グレージアの考えに近いんじゃないですか。現代のレジャーとは仕事のつらさから逃れるための気分転換や憂さ晴らしといえます。それなら、現代のレジャーは本来のレジャーの中に入っていないといえるのです。

そうすると結論は予想がつきますよね。**論理っていうのは一本道です。ここではこうなら、次はこう、その次がこうなら、最後はこうなるというように、先を予測できるんです。**予測したことを確認するように読んでいくと、主観の入る余地がない。これが論理的な読解。これを身に付けると、どんな文章でも正確に読み取ることができるんです。さて、この先の予測ができましたか。

現代のレジャーは本来のレジャーではない、アリストテレス、ギリシャ人のレジャーこそが本来のレジャー。ということは、恐らく最後は、今こそ本来のレジャーに戻りましょうとなる可能性が高いですよね。

先に最後を見てみましょうか。本文末尾の箇所に線を引っ張りましょう。

レジャーが学問や教育とふかく関係することを説いたギリシャ人の知恵にいまこそ、われわれは学ぶべきではないか。

思ったとおりですね。ということは、文章の途中には何が書いてあるかというと、われわれの今のレジャー観がなぜ駄目なのか、どうして本来のレジャーに戻さなきゃ駄目なのかっていうことが、書かれていると推測できます。

あとは本文を読んで、確認していけばいいだけです。

読解のルール

論理を意識して先を予測せよ!

では本文に戻っていきましょう。

われわれにとって、レジャーとはせいぜい気ばらしやあそびや休息をいみするか、でなければ、仕事のつまらなさからの逃避をいみするものとして消極的従属的にしか考えられていないからである。

ここまで整理できましたね。要は、レジャー観は二つある。一つはデ・グレージアのレジャー観。これが現代のレジャー観で、仕事中心。レジャーは仕事の気晴らし・休息です。対して、アリストテレスは本来のレジャー。これはそれ自身が価値ある行為なんですよね。例えば、音楽・詩・哲学的観照という具体例が書いてありましたね。

次の展開、どうなるのか見ていきましょう。

現代のレジャーとは

しかし、技術の発展が、ますます多くの余暇をひとびとに将来あたえていくとすれば、その余暇においてひとびとが、生の充実を味わえるようないとなみ、つまりそれ自身において意味と価値のある行為をなすことができるであろうか。現実の傾向はむしろその逆をめざしているようにさえみえる。

「しかし、技術の発展が〜それ自身において意味と価値のある行為をなすことができるであろうか」、ここも線を引きましょう。この、「生の充実」、「それ自身において意味と価値のある行為」が本来のレジャー、アリストテレスのレジャー観ですよね。次にも線を引きましょう。「現実の傾向は、むしろその逆をめざしている」つまり、グレージアのレジャー観になっているんですよね。生の充実を味わえる営みが本来のレジャー。ところが現実は逆です。では、現実はどうなのか。次を読んでいきましょう。

> さいきんにおける余暇の増大は、いわゆるレジャー産業のめざましい発展をみ、そのあくなき営利追求は、それが提供する大衆娯楽の質とあいまって、ひとびとに生の充実と人間性の回復の機会をあたえるよりは、 B

まさに今、レジャー産業がものすごく発展していますよね。つまり、レジャーというものは商品です。例えばゲームやマンガ、あるいは遊園地、カラオケ、これはまさに商品です。商品ってことは営利を追求するということです。たくさん生産すれば利益が上がる。たくさん生産するためには、大量に売らなきゃダメだ。大量に売るためには、われわれの欲望を、あらゆる所から刺激しなきゃダメだ。そうやってわれわれはレジャーという商品に多くのお金を使っているわけですよね。これが現代の傾向である、こう言っています。

解ける問題は先に解く

ここまでで解けそうな問題があります。問一と問二の、空欄Aと空欄B、それを含んだところまで読みました。そこで、**とりあえず解いてみましょう。解けなかったら無理することはない、保留です。解けるところまで読んでから、また解けばいいんです。**

このようにやっていくと、頭を使いながら論理的に読み、解くから、活字から目が離れません。本文を一気に読もうと思うと、ぼーっとしてしまう、あるいは活字から目が離れてしまう。その結果、全体を思い込みで読んだり、間違って捉えてしまったりという悲劇が起こります。だから、こうやって論理を追い、設問を解きながら読み進めていきましょう。設問が解けたら論理的に読めていることの証拠になる。解けなかったら、そのことを頭に置いてまた活字を追っていく。そうやって、たえず頭を使う習慣をつけてほしいです。

問一 **文中の空欄Aに入る最も適当な十五字の語句を、第三段落までの文中から抜き出して、最初の三字と最後の三字を書け。**

問一の設問文に着目。押さえたいのが十五字ちょうどであること。何字以内という問題が多いのですが、十五字ちょうどっていうことには、出題者のそれなりの意図や都合があるはずです。さらに「第三段落までの文中から抜き出して」とあります。**こういった問題は、範囲を限定する条件のあるなしで全然、解き方が違ってくる。**本文全体から探そうと思ったら大変ですよね。ここでは第三段落までと限定されています。このときの第三段落っていうのは、形式段落です。

段落には二通りあります。一つは内容から分ける意味段落。正確に言うと論理展開から段落を分ける場合ですね。例えば本文を三つの段落に分けなさいっていうときは意味段落で、論理展開で分けていく。これに対して、形式段落っていうのは、内容とは関係なく行変えしたところで数えていく。たとえ1、2行の文章でも行変えしていれば一つの段落と数える。この文章では12行目で行変えしているから、ここから第二段落。次は21行目で行変えをしているから、ここから第三段落。ということは、空欄Bの終わりまでが第三段落です。ここまでから抜き出せばいい。

空欄前後の指示語・接続語は必ずチェック

さて空欄問題の解き方には三つあります。一つは知識の問題の場合の解き方。慣用表現とか、文学史とか。これは知っていないとダメ。

読解問題の場合は論理で解くのか、文脈で解くのかの二つです。論理で解くっていうのは、イコールの関係や対立関係を使って考える方法。例えば、大切なことは繰り返されるから、イコールの関係から空所に入るべき言葉がおのずと決まります。あるいは対立関係がわかれば、空所には反対の言葉が入るのです。

文脈で解く場合、その前後のつながりと合わないものを消していき、残ったものが答えとなります。そこで空欄Aを見てみると、直後に「つまり」がある。**空欄前後は必ずチェック。**前後に接続語、指示語があれば、これはもらった！　と思わないと。「つまり」はイコールの関係を表す接続語です。前に言ったことを言い換えるか、もしくは前の内容をまとめるときに、「つまり」や「すなわち」を使います。このような言葉を使って、筆者はきちんとシグナルを送ってくれている。これを無視して自分勝手に読んでしまうと、道に迷ってしまって筆者の立てた筋道を正しく追うことができなくなります。しっかりとシグナルをチェックしながら読みましょう。

「Ａ行為」とあるので、Ａには「〰〰の行為」のように「行為」を説明する言葉が入ります。また、直後の「つまり」以下には「自己目的的行為」とあるから、Ａに入るのは「自己目的的」と同じ意味の言葉だとわかります。では、自己目的的とは何かと言うと、アリストテレスのレジャー観でしたよね。これは大事なことだから、この文章の要点の一つとして線を引いていたはずです。**全体から漠然と探すのでなく、あくまで要点から探します。**

そこで線を引いたところを見ると、13行目「それ自身のためになされるような」、これを空欄Aに入れると、「行為」につながる。つまり自己目的的行為ですよね。さて、該当するものが一つとは限りません。とくに字数条件がある場合は、複数あると思った方がいい。なぜ字数条件があるかというと、複数の答えが存在するから、その答えを一つに絞り込むために字数条件をつけるんです。

そこで見ていくと、もう一か所、本来のレジャーについて書いたところがある。22行目、「それ自身において意味と価値のある行為」。これも同じことですよね。この二つのうち、15字ちょうどのものは、「それ自身のためになされるような」です。

これは最後まで読まなくても、この段階で答えが出ましたね。

選択肢はまず二つまで絞り込む

では問二にいきましょう。

問二 **文中の空欄Bに入る最も適当な文を、次の①〜⑤の中から一つ選べ。**

① 個々人がそれぞれの個人的世界に閉塞的にとじこもる状況をうみ、ひととひととの連帯を

かいて社会全体に生産意欲の減退をもたらしている。

②生の堕落と人間性の喪失をはてしなく助長しつづけることになりかねず、余暇を善用できないひとびとが輩出する可能性が大である。

③いわゆる余暇のための消費・消費のための余暇をとおして目先のみの変化が求められ、生のいみを問う高度な文化は崩壊の危機にひんしている。

④他者との等質性に安息しつつ若干の優越感を味わおうとする感情をあおって、結果的に経済の伸長と国家の発展をうながすことになる。

⑤たんなる一時的な情緒的満足や倒錯した刺戟をあたえることによって、自己疎外や非人間化をますます促進するかもしれないのである。

空欄Bの直前に「生の充実と人間性の回復の機会をあたえるよりは」とあります。これは論理の問題です。なぜかというと、23行目「現実の傾向はむしろその逆をめざしているようにさえみえる」とあるからです。それ自身、価値のある行為が本来のレジャーだけど、現実の傾向はその逆を目指している。ということは、**空欄Bは生の充実、人間性の回復の機会をあたえるのではなく、その逆の内容が答えとなるんですよね。**

そこで、逆の内容になってないものを、まず消去します。①の「個人的世界に閉塞的にとじこもる」、

「ひとひととの連帯をかいて」は全く関係ないですよね。逆の内容ではないから消去。さらに③の「余暇のための消費・消費のための余暇をとおして目先のみの変化」、あるいは「生のいみを問う高度な文化」が間違い。本来のレジャーは生の充実とは言っているけども、「生のいみを問う高度な文化は崩壊の危機」とまでは言ってないですよね。④の「若干の優越感を味わおうとする」とか、「結果的に経済の伸長と国家の発展をうながす」も関係ないです。ですから、三つはすぐ消去できないとダメ。

問題は②と⑤です。実は、この問題は悪問に近い、いやらしい選択肢です。どうしてこのような選択肢があるのかというと、**現代文っていうのは、本来「正しいものを選べ」じゃないんです。**「正しいもの」を選べという場合は、数学だったら数字が違っていれば明らかに×。社会だったら人名や事件名が違ったら×です。ところが現代文の選択肢のほとんどが出題者の作文なんです。そうすると、中にはこの表現が適切なのか、ちょっと言い過ぎていないかなどを、どこで線引きをしたらいいのか難しい場合がある。つまり○か×かの境目が非常に微妙なことがあるんです。

そこで、この問題のようにまず選択肢を二つまで絞り込むこと。そうすれば、勘で選んだところで、当たる確率は半分。たとえ悪問があっても、高得点を取ることができます。だから、「現代文には時にはこういう問題がある」と思って焦らないように。

●●● どちらがより適切かを判断する ●●●

それでは、どう考えるかというと、これは正しいものを選ぶんじゃなくて、最も適切なものを選ぶという考え方をします。つまり、**相対的な判断。二つ適切であれば、どちらがより適切なのかを選択肢同士を比べて判断します。**

では選択肢②を見ていきましょう。②「生の堕落と人間性の喪失をはてしなく助長」する。いいとは思うけれど、ちょっと言い過ぎているかな。空欄Bの直前に、現在のレジャーが「生の充実と人間性の回復の機会をあたえるよりは」、とあるので、たしかにその反対の内容ですけれども、「生の堕落」までいくのはちょっと行きすぎですよね。堕落じゃなくて、生の充実を得られないぐらいか、と思いますね。

さらに後半の「余暇を善用できないひとびとが輩出する可能性が大である」。ここをチェックしておきましょう。突然、「余暇の善用」という言葉が出てきた。これもちょっと引っかかりますよね。とりあえず、選択肢②はここで置いておきましょう。

次、選択肢⑤を見ていく前に、一つ確認しておきます。[B]を含む一文の主語は何かというと、「あくなき営利追求は」ですね。

さいきんにおける余暇の増大は、いわゆるレジャー産業のめざましい発展をみ、そのあくなき営利追求は、それが提供する大衆娯楽の質とあいまって、ひとびとに生の充実と人間性の回復の機会をあたえるよりは、［B］

すると、この主語に対して選択肢⑤の「一時的な情緒的満足や倒錯した刺戟をあたえる」はいいと思うんですよね。次の「自己疎外や非人間化をますます促進するかもしれない」。ここも「生の充実と人間性の回復の機会をあたえるよりは」と逆なので、間違いじゃない。ただしこの部分は②と同じぐらい、ちょっと大げさな気がしますけれどね。

では、②と⑤のどちらがよいのか。**②と比べると⑤の「一時的な情緒的満足や倒錯した刺戟をあたえることによって」は主語の「あくなき営利追求は」と対応しています。**もう一つ、②の後半の「余暇を善用できないひとびとが輩出する可能性が大である」が、空欄Bに入るとどうなるのか。先をちょっと見ていくと、39行目に「余暇の善用ということがいわれるけれど」と、ここで初めて「余暇の善用」という話題がくるんです。そうすると、その前の空欄Bに余暇の善用が入っているというのはおかしいですね。もし、空欄Bに余暇の善用って言葉がくるならば、その後の文章で、余暇の善用について書いていないとおかしい。なのに、その直後は全く違う「自由時間は」という話がきて、そして39行目で「余暇の善用ということがいわれるけれど」とくるわけでしょう。とすれば、やはり

②よりも⑤の方が適切であると考えられます。

では先を読んでいきましょう。

●●●「挿入箇所」は括弧に入れて読む●●●

自由時間は、このようにレジャーの質的側面よりも、量的時間的側面をあらわすことばであるが、このばあいでも自由時間がいかなるいみで自由かということは問題である。厳密ないみで自由時間というばあいには、仕事および仕事に関連した時間を除くとともに、さらに「生存のための時間」とよばれるものをもさし引いた残りをさす。生存のための時間というのは、ふつう食べること、寝ること、およびそれに関連した買物や料理などについやす時間をさす。したがって、自由時間は、厳密にいえば、ふつうに考えられるような、仕事から解放されたといういみでの自由な時間よりもさらに短い。けれどもこのようにしてさし引いて残った時間のなかでも、たとえば、なかば義務感や強制されるような気持で人を訪問したり、ある会合に出席したりするならば、これを自由な時間ということができるかという疑問は残る。したがって、自由時間というばあいの自由は、これを先にのべたレジャーの本来のいみに関連づけるためにも、［C］、つまり、強制を離れた自由な選択、動機をふくむものとして解されなければならない。

この部分ですが、27行目「自由時間は、このようにレジャーの質的側面よりも」〜、38行目「動機をふくむものとして解されなければならない」までは、括弧に入れて読んでください。なぜ括弧に入れるのか。これは英語でもよく出るので覚えておいてほしいんですけれど、論理を追っていくと、**時に話が脇道にそれることがある。それを括弧に入れておかないと、筋道が途中で見えなくなってしまうからなんです。要は、挿入箇所と考えたらいいと思います。**

この部分は、自由時間といっても、その中には生存のための時間というのがある。つまり本来の自由時間というのは私たちが思っているよりも少ないということを言っているんです。一日二十四時間で八時間寝ると残りは十六時間。八時間仕事をするとすれば、残りの時間は八時間。しかし実際には通勤や通学で往復二時間かかるかもしれない。生存のための時間ですから、一日三食食べれば、やはり二時間くらいかかる。さらにはお風呂に入る時間、着替える時間、顔を洗う時間、こういうふうに生存のための時間を引くと、本当に自由にできる時間は短いのではないのか、と脇道にそれていったんです。

空欄は必ず前後をチェック

問三 文中の空欄C・Dに入る最も適当な語句を、次の①～⑥の中からそれぞれ選べ。

C ① 現実的な取捨 ② 原則的な法則 ③ 本質的な側面
④ 発展的な視野 ⑤ 主体的な要素 ⑥ 積極的な規定

さて、ここに空欄Cがあります。空所問題は先ほども言ったように、論理で解くのか、文脈で解くのかを意識します。大切なことは行き当たりばったりで解かずに、必ず決まった解き方を頭に置いて解いていくこと。そうすれば、どんな設問でも、どう解けばいいかが、しっかりと考えられる。すると結果が安定してきます。まさに基本を固めるということです。

空欄は必ず前後をチェックしましょう。すると、空欄Cの直後に「つまり」がある。二回目の登場。よく出ますよね。「つまり」はイコールだから、その後の「強制を離れた自由な選択」とイコールの内容が空欄Cに入ります。そう考えて空欄Cの選択肢を見ると、強制を離れるのは①「現実的な取捨」ではありませんよね。取捨は取ったり、捨てたりだから関係ない。②の「原則的な法則」も関係ない。③の「本質的な側面」も、④の「発展的な視野」もおかしい。⑥の「積極的な規定」もダメ。強制を

離れるってどういうことですか？　強制されないっていうのは、「積極的」ということじゃないですよね。強制されないというのは主体的であるということ。強制されないんだから、自分で選び取ると考えれば、⑤の「主体的な要素」が答えとなる。

ここも最後まで読まなくても解けました。続けましょう。

余暇の善用とは

余暇の善用ということがいわれるけれども、それはたんに労働力の再生産のために役立つように余暇を用いるということにとどまらず（レクリエーションの目的はそれにとどまるといわれる）、人間がより人間らしくなるための機会として余暇を活用することであり、それがまさにレジャーの目的でなければならない。そもそも余暇ということば自身が労働志向的労働中心的考えかたをあらわしているもののようであり、しかもその労働も個性や人間性をのばすよりもむしろ阻害するものと感じられるにおよんで、逆に余暇が生き甲斐と感じられるにいたった。

そして今度は空欄Cの後、39行目の「余暇の善用ということがいわれるけれども」という言い方、ここで初めて余暇の善用っていう言葉が登場します。余暇の善用とは何かといったら、41行目「人間がより人間らしくなるための機会として余暇を活用する」こと。これ、何度も出ているように、要は、生の充実、人間性の回復、すなわち人間がより人間らしくなるための機会として、余暇を活用するのが余暇の善用です。ただし、42行目に、「そもそも余暇ということば自身が労働志向的労働中心的考えかたをあらわしている」とある。余暇っていうのは余った暇だから、仕事中心で、仕事以外の余った時間が余暇ですよね。この言葉自体が、既にグレージアの、現代の自由時間、レジャーの考え方だといえるのです。

ちょっと付け加えると、サラリーマンの仕事を考えると、決まった時刻に満員電車に乗って出社しなければなりません。これ、自由じゃないですよね。あるいは、上司やお客さんには頭を下げなきゃいけない。命令されたなら嫌でも従わなければならない。つまり、仕事っていうのは、ある意味で強制があり、自由ではなく、時には嫌なことをしなければならない。その結果、対価としてお金をもらっているんです。そういった意味では、人間性を喪失しているといえます。レジャーによって、より生の充実、人間がより人間らしくなるような行為が必要であるっていうのが、アリストテレスの本来のレジャー観だったんです。

余暇をもてあます現代人

ところが、その余暇も増大の一途をたどるようになると、余暇をもてあますということがおこり始めた。しかも労働や仕事が、技術の発展によって苦役から解放され、それほどつらくなくなると、ひとは、余暇をもてあますよりも仕事につながれているほうをえらぶということもありえよう。フロムやサルトルが指摘するように、人間はしばしば自由をもてあまして自由を不安に感じ「自由からの逃走」をはかって D をえらびとるといわれる。ヘルムート・ティーリッケは、これとならんで、現代人は自由時間に不安を感じ、しかも、この二つの不安は同じ根から発するものであるという。

ところが、次に「えっ」と思うことが書いてありますよね。ここで論理の流れがちょっと変わるので線を引きましょう。45行目「ところが、その余暇も増大の一途をたどるようになると、余暇をもてあますということがおこり始めた」。

週休二日制が定着し、働き方が変わってくると、だんだん余暇が増えてきて人々は余暇を持て余すようになってきました。その結果、「余暇をもてあますよりも仕事につながれているほうをえらぶ」と言っています。ここにも線を引きましょう。

そして48行目、「フロムやサルトルが指摘する」は引用。引用とは何かというと、筆者の言いたい**ことと同じ内容をどこかから持ってくること**ですね。ということは、イコールの関係。フロムやサルトルも、ひとは仕事につながれているほうを選ぶようになったと同じことを指摘しているから引っ張ってきたんです。それが「自由をもてあまして自由を不安に感じ『自由からの逃走』をはかって D をえらびとる」です。

では何を選びとるのかといったら、「仕事につながれているほうをえらぶ」んですね。空欄Dは**仕事につながれることだとわかるので**、その場で解きたくなるはずです。答えが出ているのに、ここで解かずに最後まで読もうとはなりませんよ。

問三 **文中の空欄C・Dに入る最も適当な語句を、次の①～⑥の中からそれぞれ選べ。**

D ① 利那の享楽 ② 自我の放棄 ③ 隷属の安定
④ 諦念の境地 ⑤ 不安の解消 ⑥ 孤独の安逸

仕事につながれるんだから、①「利那の享楽」、②「自我」も関係なければ、④「諦念」、⑤「不安の解消」、⑥「孤独の安逸」も関係ない。この段階でも③「隷属」が答えとわかりますが、さらに、空欄Dの前、「自由を不安に感じ」るんだから、逆にいうと隷属の安定を選ぶということで、③が答え。
これも最後まで読まなくても解けました。

断片化される自由時間

さらにわれわれは、われわれの自由時間の断片性について考えなければならぬ。そのこま切れ的性格が、自由時間が自由であることを阻止している。しかもこの自由時間においてこんにちひとびとがなすところのことは、圧倒的に受身的（あるいは無思考的といってもよい）性格をもっていることも注意されねばならぬ。たとえば、自由時間の多くは、マス・メディアのもちはこぶ大衆娯楽を吸収するためについやされる。ラジオやテレビの与えるものをひとは一方的に受けとる。しかもその内容は、考えさせるようなものはまれだ。自由時間において、彼はますます外から規定され、無思考的無批判的となる。外から多く受けとれば受けとるほど彼はますます無内容となり空虚となる。そして、その空虚さをうめるためにはますます多く外からあたえられるものを受けとろうとする。こうして、悪循環はたえず進行する。

このようにして、人が自己規定性と主体性をうしなうとき、まさに、自由時間は不自由時間に変ぼうするであろう。われわれは自由時間のもつ可能性を否定してはならない。自由時間が真に人間の自由のための時間となることは、どのようにして可能か。レジャーが学問や教育とふかく関係することを説いたギリシャ人の知恵にいまこそ、われわれは学ぶべきではないか。

52行目「われわれの自由時間の断片性について考えなければならぬ。そのこま切れ的性格が、自由時間が自由であることを阻止している」とあります。ここから60行目「こうして、悪循環はたえず進行する」までは、括弧に入れて読みましょう。これも挿入箇所に近いですから。

読解のルール
挿入箇所は括弧に入れて読め。

さっき見たように、生存のための時間を除くと、本当に自由な時間は仕事と仕事の合間の細切れ的な時間です。そうすると、その細切れ的な時間で哲学をしようとか、詩を読もうとかには、なかなかならないですよね。人々は自由時間に娯楽産業が提供するレジャーをお金で買うことになります。すると、商品として既に完成されたものをお金を出して買うんだから、われわれは受け身になりますよね。例えば、ただテレビをつけっぱなしにして何となく見ている。そうすると、われわれは受け身であるだけでなくて、作られたものを一方的に受け取るしかないから無内容にならざるを得ない。無内容になると無思考、つまり自分でものを考えなくなります。だから、外から規定され、ますます無内容・空虚となる。「このようにして、**人が自己規定性と主体性をうしなうとき、まさに、自由時間は不自由時間に変ぼうする**」とあります。ここに傍線があるので問四を考えていきましょう。

問四　傍線部の理由として最も適当なものを、次の①～⑤の中から選べ。

① 断片的時間の中では、わずかな安息を得ることしか許されないから。
② 外界に従属したり、無自覚的に引きずられたりすることになるから。
③ 義務感が精神的負担となり、強迫観念から逃れられなくなるから。
④ 自家撞着におちいって、自縄自縛的な世界に埋没してしまうから。
⑤ 日常の生活に追われ、自由を自己規制することにつながるから。

傍線部の理由としてどれがいいのかを考えるには、まず傍線部前後の接続語と指示語をチェック。すると、この傍線部の前に指示語「このように」があります。このようにしたから、「自由時間は不自由時間に変ぼう」したんですね。では、どうしたのかというと、先ほど括弧に入れた52行目「さらにわれわれは」から傍線部直前の「悪循環はたえず進行する」までが「このように」の指示内容です。つまり、われわれの自由時間が細切れ的・断片的であるために、われわれはレジャーに関して受け身になり、一方的に受け取り、さらには外から規定され、無思考・無批判・無内容・空虚になり、本来、自由であった時間が、今や不自由になったと指摘しているのです。

では選択肢を吟味しましょう。

①「断片的な時間の中では、わずかな安息を得ることしか許されない」は単に休憩時間が少ないっていうだけのことだから、「このようにして」の内容ではありません。

③「義務感が精神的負担となり、強迫観念から逃れられなくなる」は、義務感とか強迫観念が本文には書かれてないので、×。

④「自家撞着に陥る」。自家撞着は、自己矛盾のこと。自縄自縛は、自分で自分を縛ること。これも書いてない。

⑤「自由を自己規制する」。これも書いてありませんね。まずは「このようにして」の指示内容ではないものを消去。

②「外界に従属したり、無自覚に引きずられたりする」。これが「このようにして」の指示内容だから、答えは②です。

余暇の増加の先にあったもの

ここで一つ考えてもらいたいことがあります。筆者は細切れ的時間のために、レジャー産業が供給するものを受け取るしかなくなったと指摘しながら、その一方で、余暇も増大の一途を辿ると余暇を持てあまし、仕事につながれていること（隷属の安定）を選ぶようになったと指摘しています。

一見、矛盾しているようですが、こう考えたらどうでしょう。

私たちは細切れ時間のため、レジャーを外から受け取るしかなくなり、無思考、無批判、無内容になってしまった。ところが、今や週休二日制など、多くの休み時間をとることができるようになったけれど、すでに本来のレジャーを手放してしまった私たちは、レジャーを商品として購入するしかない。だから、休みが増えると、その分だけお金がかかる、あるいはどうやって時間をつぶしていいのかわからないとなって、結局仕事につながれていた方がまだましだ、となったのです。

さて、本文の最後の部分。これまで見てきたように、現代のレジャーがいかに危険なのか。一方的に受け身であり続けると、われわれは無思考・無批判・無内容の人間になってしまう。あるいは、外から規定される。だから、権力者やマスコミの流す情報を、何も考えずに、無批判に、一方的に受け取り、それに従い、それが世論を形成していく非常に恐ろしい社会が現代の世の中だと、おそらく筆者は言いたいのでしょう。だから、最後の結論で、今こそギリシャ人の知恵に学ぶべきだと指摘しているのです。ギリシャ人っていうのはアリストテレス、つまり本来のレジャーですよね。

設問に応じた考え方をする

残るは問五です。

問五 問題文の考え方と矛盾しないものを、次の①～⑤の中から二つ選べ。

①「ひまをつぶす」という表現は、余暇を人に敵対するものとしてとらえており、そうした姿勢からは余暇の真の意義を十分に見出しえないことになるだろう。

②現代人にとっての自由な時間は、趣味や健康保持のために不可欠なものであり、社会全体の向上につながる労働意欲を増進させるという点でまことに重要である。

③レジャーの時間と自由な時間とは相関関係にあり、前者を他のひとびとと共有する時間として消費する結果、個人の真に自由な時間が不足気味であるのは残念だ。

④近代技術の発展は、頭脳労働者を急増させると同時に、レジャーの時間をも生みだして

きたが、それは主に神経を休養させるものとしてしか活用されていない。

⑤農村社会も機械の導入によって近代化されつつあるが、なおそこでは人と自然との融和的状況の中で余暇が楽しまれており、ほんらいのあるべき姿がみとめられる。

「問題文の考え方と矛盾しないものを二つ選べ」とあります。設問文は必ずしっかり押さえましょう。「内容に一致しないものを選べ」とあれば、本文に書いていなければ、それが答え。あるいは、「内容に一致するものを選べ」とあれば、本文に書いてあれば、○。つまり、本文に書いてあるか、書いてないかを考えるのです。

では「**問題文の考え方と矛盾しない**」、とはどういうことかというと、**これは本文に書いていなくても、筆者の考えと矛盾しない選択肢は正解になるんです**。つまり、設問によって答えが違ってくるんですよね。設問をきちんと読まないで、いきなり選択肢を吟味する人が非常に多いので、十分気をつけるように。

①「ひまをつぶす」という表現。この、暇をつぶすという表現は本文に書いていない。だから、内容に一致するものを選べといったら×。ところが「余暇を人に敵対するものとしてとらえており、そうした姿勢からは余暇の真の意義を十分に見出しえない」とあります。暇をつぶすという表現については書いていないけれども、42行目で、「**そもそも余暇ということば自身が、労働志向的**

労働中心的考えかたをあらわしている」と言っていますよね。こういった筆者の考え方とは矛盾しないどころか、むしろ一致しています。ということは、①は○。

②「現代人にとっての自由な時間は、趣味や健康保持のために不可欠」。こんなことは言っていないですよね。「社会全体の向上」、「労働意欲を増進」も書いていないから間違い。

③「レジャーの時間と自由な時間とは相関関係」。筆者はレジャーの時間と自由な時間とを区別して述べていないですよね。そうではなくて、レジャーには本来のレジャーと、現代のレジャーとがあるというふうに、レジャーを二つに区別しているのであって、レジャーと自由時間を区別しているわけではないから、×。

④「近代技術の発展は、頭脳労働者を急増させると同時に、レジャーの時間をも生みだしてきた」。これは、直接は書いていなくても、本文の考え方に近いですよね。というのは、レジャー産業のめざましい発展とありましたよね。そして「それは主に神経を休養させるものとしてしか活用されていない」とありますが、これは本来のレジャーとは言えません。ということは、④は筆者の考えと矛盾しないので、○。

⑤「農村社会も機械の導入によって近代化」とありますが、農村社会とか近代化、あるいは「自然との融和的状況」なんていうのは本文には全く書いてないから×です。よって、答えは①と④。

こうやって振り返ると、問二以外は全部解けないとダメです。問二も、悪問に近い、ちょっと難しい問題だと言いましたけど、選択肢を二つまで絞り込めるから、当たる確率は半分と考えれば、全体としては十分に高得点可能な問題です。

解いた問題はストックしておく

できれば、こういう内容を知識としてストックしていってもらいたいと思います。というのも、現代文の評論というのは、どの問題も現代について語ったものだからです。

様々なジャンルはあっても、いろいろな角度から、現代や現代に生きる我々、あるいは日本人について語ったものです。ということは、英語の長文であろうが、評論であろうが、切り口や語り口が違うだけですので、だんだんストックを増やしていくと、背景知識となり、新しく読む評論が理解しやすくなってくるんですね。この仕事とレジャーっていう問題も本当によく出るし、また、こういったものがストックにあれば、小論文も書くことができます。

もともとアリストテレスのレジャー観でわかるように、レジャー、もっと言えば遊びですが、遊びというものは、それ自身、価値のあるものだった。例えば、古代ギリシャ人の上級階級は、本来、仕事はしなかった。もちろん、政治はやったんですけれども、炊事や洗濯とか、そういったものは、奴隷の仕事だったのでしょう。ということは、彼らは一生遊べばよかった。

でも、今のようにテレビもゲームもないわけですよね。だから、彼らにとってものを考えること、哲学や文学、音楽が遊びだったんです。そして、一生遊ぼうと思ったなら、当然、だんだん深い遊びを求めだします。そういったところから文化が生まれていったのです。だから、遊びというのは、今で言えば芸術や文学、あるいは学びだったのです。

例えば、日本では文化や遊びが高度に発達したのが平安時代の後宮です。後宮のお姫様や女房たちは炊事や洗濯はやらなかった。部屋の中で一生遊べばよかった。そこに源氏物語や枕草子、和歌などの文化が生まれたんですね。そして、これはお金をもらうためではなかった。そのこと自体に価値があったから、紫式部は源氏物語を書いたり、歌を作ったりしたわけです。それが生の充実を意味した。本来の遊びってそういったものだったのです。

ところが現代はそうではない。仕事で自由を失い、人間性を喪失するなら、せめて余暇において生の充実を味わうことができたらいいのに、その余暇にわれわれは大量生産された商品を買ったり、あるいはテレビやインターネットを見て時間をつぶすしかなくなってしまっている。つまり、仕事においても、レジャーにおいても、われわれは受け身・無思考・無批判であり、そうやって、みずから自由を手放してしまったのが現代だということなんです。

このように考えると、一つの評論をきちんと理解すれば、われわれはある角度から見た現代について、しっかりと認識を深めることができるとわかります。だから現代文はおもしろいんです。

解答

問一　それ自〜ような　（8点）

問二　⑤　（8点）

問三　C　⑤　D　③　（各5点）

問四　②　（8点）

問五　①　④　（各8点）

特別講義①

近代化を理解する二つのカギ

入試問題の評論文

ここでひとつ、大切な話をしようと思います。

評論問題の評論は、いろいろな角度から現代を切り取って論じたものです。問題に使うための文章を、大学側は一年かけていろんな評論の中から「これだ」というものを選んでくるんですね。

さて、皆さんが自分で本を読もうと思うと、どうしても自分の好きな作家やジャンルの本ばかり選んでしまって、いろんな思想やジャンルの本を読み、物事をさまざまな角度から考えることはなかなかできないと思います。それに、入試問題に出てくるような評論を自分一人で読めるかというと、それも難しいでしょう。

問題集の重要性

そこで、問題集を活用してもらいたいと思います。私の講義、あるいは私の書いた本で扱っている文章は、全て一流の作家や評論家の、しかもいちばん素晴らしい場面を切り取ったものです。こういった問題を解いていくことで、皆さんが自分で選べない文章に触れていくということがすごく大事なのです。

例えば、近代化の問題、環境論、ＡＩ時代の到来、自我、というようにバランスよく、いろんなジャンルのいろんな思想が一冊の問題集の中に入っています。これを一つ一つ深く理解することによって、皆さんは大学に入る前の準備段階として、知の領域を広げ、教養を身に付けることができます。

もちろん、これは試験問題を解く上でも有効だし、小論文を書く上でも役に立ちます。しかし、それだけではなく、皆さんがこれから大学で学問をする上で、とても大切な土台となる力として、後々にも発揮できるものだと思います。

日本の近代化と現代

では、ここで現代をどう捉えるかという話をしていこうと思います。現代の捉え方において、最低限、押さえておかなければならないことがあります。それが「近代」という問題です。現代とは近代化が終わった今の時代のことです。その近代化がさまざまにゆがんでしまって、行き詰まっている。その問題に直面しているのが現代なのですね。

さて、その近代化によって行き詰まった状況を、どう乗り越えていくのかというのが、現代の課題となっているわけです。これを論じたものが最も試験で出る内容だったのですよね。

最近では近代化のゆがみをどう乗り越えるかというよりも、AI時代となって全く新しい時代が到来することについての内容も増えています。しかし、近代があって現代があり、それを踏まえて新しい時代があるのだから、近代化について知っておくことはとても重要です。

生産主義とは何か

では、この近代化の本質を知り、また近代化が過度に成功したがゆえに行き詰まった現代があるということ。これをしっかり理解してほしいと思います。

日本における近代化を理解するためには、物資的な観点と精神的な観点に分けて整理するとわかりやすいと思います。まず物資的な観点とは、ずばり生産主義と覚えてください。いかに多くの物を生産するか。それを進歩と捉えました。また、欧米の方がより多くの生産力を持っていたので、先進国という言い方をしていました。

ここで押さえてほしいのが、実は生産という言葉自体に嘘があるということなのです。人間がゼロから物をつくる、これを創造といいますが、本当に創造できるのは神だけであって人間は何一つ創造することができません。つまり、生み出すこと、生産することはできないのです。では**人間がしていることは何かというと、自然を人間の都合のいい製品へと加工すること**なのですね。建物も家具も電化製品も、もともとの原材料は全部自然にあるものです。ですから、自然を壊して人間の役に立つ物に加工していくというのが生産の本当の意味なのです。農業でも牧畜でも無から生むというよりは、育てて繁殖させるというのが人間のやることですよね。そういった意味では自然状態を人間の都合のいいように変えていく、これが生産だと思ってください。

また、大量生産にはエネルギーが必要です。化石燃料というものですね。石油、石炭。それを使った発電。そして、いちばん大きなエネルギーが原子力だといわれていますよね。原子力を使えば廃棄物が残る、これが環境問題になるのです。

そして、**生産力が飛躍的に高まった結果、自然破壊も大きくなりました**。だって、**生産というのは自然を壊して人間の都合のいい物に加工することだから、生産することと自然を壊すことは実は同義**なのです。つまり、同じことの二つの側面だと考えればいい。そして、生産力が飛躍的に高まった分だけ、環境がより大きく破壊され、やがては人類が生存できない可能性まで起きてきた。どれもこれも、**近代化が成功したがゆえに、今の社会が行き詰まっている**のです。ということは、我々は生産主義と異なる新しい思想を持たないと、人類は先が見えなくなってしまうのではないかと考えられますね。

日本の封建主義

では、近代化を理解するためのもう一つの観点、精神的な面を見ていきましょう。**精神的な観点からの近代化の物差しになるのが自我の確立**です。単に「自我」というと、「本当の自分」という意味なので、歴史的な意味での自我の確立を単なる自我と区別して「近代的自我」ということもあります。

皆さんは、例えば、自分がどんな人を好きになって誰と結婚するのか、あるいはどんな生き方をするのか、どのような仕事に就くのか。こういったことを自分で選ぶのは当たり前だと思っているかもしれません。しかし、日本でいうと江戸時代まではまるでそんなことはありませんでした。

江戸時代までは集団と個人が一体化していました。例えば武士であれば、薩摩とか長州などの藩という集団があり、そこに仕える侍と、藩主が一体化していたのです。その集団の一員である武士ならば主君に尽くすことはその集団に尽くすことであり、それはその集団に属した自分としては疑う余地のないことでした。このように主君に尽くすことを「忠」といいます。

また、家や家族の概念も今とは全く違っていました。家には家長がいて、とくに武士階級では、家という集団と家長とが一体化している。その家を守るために、家という集団に尽くし、家長に尽くすことは当然であって、これを「孝」といいました。今は親孝行の孝ですけど、もともと孝とは親孝行ではなくて、まさに忠と孝は集団に殉ずるという価値観だったのですね。ですから、主君や家長が間違っていても、それに尽くすことが忠であり孝であり善であった。**不忠不義が悪という価値観が明確に決まっていました。これが日本の封建時代の価値観です。**ただ、ある意味では迷うことがない時代だったのです。

近代的自我とは

さて、明治時代になり、日本が西洋から受け入れたのは市民革命以後の思想でした。そこでは人々は自由に生き、好きな人と結婚し、好きな仕事を選ぶことができる。こういった考え方が徐々に入ってきます。そうして、**かつては一体化していた集団と個人から、個人が分離し始めます。これが近代的自我の確立なのです。**こういったことがあった結果、皆さんはどの大学を受けようかとか、どんな仕事に就こうとか、すべて自分で選ぶことができるようになったのです。そういった意味では、**自我をいかに確立するかということが近代化の物差しとなり、**それは当然、進歩であり、いいことであったのです。

ところが日本の場合、西洋のキリスト教という共通の価値基準がありません。その結果、何が善で何が悪で、いかに生きるべきかということがわからなくなり、多くの明治の知識人たちは途方に暮れてしまうのです。このときに支えとなったのが、森鷗外や夏目漱石などの近代文学でした。これが盛んになったので、欧米のような哲学はそれほど盛んにはなりませんでした。これが日本の近代的自我の始まりです。

さて、集団から個人が分離して、何が善で何が悪か、あるいはいかに生きるべきか、ということを見失った近代人たちはどうしたか。とりあえず、自分の欲望を満たすことを始めたのです。そうやって、やがて自我がエゴへとすり替わっていったのが近代の歴史であり、その延長線上に現代という時代があるのです。

近代は欠陥だらけのスーパーカー

「近代」を自動車に例えてみると、これはものすごいエンジンを持っています。生産主義と欲望というおそろしいエンジンが二つついているのですね。まさにスーパーカー。これがフルスピードで前に突き進んでいったのです。欲しいと思うから企業は多くの物を生産し、それを売るためにいろんな角度から人々の欲望を刺激する。「欲しい」を英語で言えば「want」ですが、want には別の意味もあります。それは「欠乏」です。つまり、手に入れれば入れるほど、まだ足りないと思ってもっと欲しくなる。果てしないのです。そこで、さらに多くの物を生産する。多くの物を生産すれば、これを消費させなきゃダメだと、また人間の欲望を刺激する。そして、欲望に駆られた人々はもっともっと欲しくなる。こうやって突っ走ったのが「近代」というスーパーカーなのではないかと思います。

しかし、このスーパーカーには致命的な欠陥が二つあります。その一つが、ブレーキが利かないことなのです。我々は自分の意思でこれをストップすることができません。もう一つの欠陥が、ハンドルが動かないことです。ですから、どっちの方向に向いて走るのか、我々にはコントロールできないのですよ。どれだけ素晴らしくても、ハンドルとブレーキが利かない車に乗りたいとは思いません。

こうやって近代が過度に成功したがゆえに、いろんなところで行き詰まっているのが現代という時代なのです。この現代という時代を、評論はいろんな角度から語っています。ぜひ、このことをしっかり頭に入れた上で、ここからの講義を受けてもらえれば、より深い理解ができるのではないかと思います。

第2講

『中世を歩く 京都の古寺』

饗庭孝男

●目標得点 35点

問題 ▶ P.10

本講のねらい

近代的自我の確立の視点から、現代という時代を認識します。また「イコールの関係」「対立関係」という論理の基本を理解しましょう。紛らわしい選択肢の扱い方も注意が必要です。

「近代」という概念については特別講義①で解説しました。では、「近代」という時代の特徴は何でしょう？ まず、物質的な観点からいえば、いかに多くの物を生産するかが重視される、つまるところ生産主義が挙げられます。第1講の問題文は、そのことと絡んでいましたよね。次に、精神的な観点からいうと、集団と個人との分離ですね。これを近代的自我、あるいは単に自我の確立といいます。ぜひ、この自我ということを頭に置いて、読んでもらうとわかりやすいと思います。

要点のつかみ方

本文を読む前に、要点のつかみ方について少し話しておきましょう。

問題文を読むとき、本文の大事なところに線を引きながら読んでいることかと思います。それはよいことなのですが、どこに線を引くか、ちゃんとわかって引いていますか？　何となくよさそうなところに引いている人はいませんか？　あるいは、どこも大事そうで線が引けなかったという人や、あちこちに引きすぎて線だらけになってしまったという人も多いのではないでしょうか。

線を引く箇所とは、文章の要点となる箇所です。設問はほとんど、その要点を聞いてきますから、しっかりと線を引けたなら、その文章を理解したことになります。

では、どこが文章の要点なのかというと、ひとつには「具体と抽象」つまりイコールの関係を意識すればよかったのでしたね。

何となくよさそうなところに線を引くというのは、自分の意識で文章を読んでいる証拠です。そうではなく、筆者の立てた筋道を追って、つまり、筆者の意識で文章を読んでいけば主観の入る余地はありません。さらには、筆者は論理という一本の筋道を通して述べているのですから、それを見失わなければ、必ずゴールまでたどり着けます。途中には接続語というシグナルも示されています。それを見失わなければ、迷子になることはありません。では、今回も筆者の立てた筋道を追って読んでいきましょう。

私は京都へゆくと殆んどいつも何とはなしに高山寺を訪れる。京都にある他の中世の寺もむろん好きだが、この寺は私にとっていかにも寺におまいりする、という実感を与えてくれるからである。仁和寺の近く、嵯峨野へゆく道と分かれて周山街道に入り、次第に山のなかに分け入ってゆく。空気がひんやりとして霧がながれている。小さな峠を越えて鄙びた渓谷沿いの里に下り、街道から左に石段をのぼり、あの高山寺の石壁の白さを目にすると私の心は不思議なやすらぎを覚える。

寺へまいるということは、そこまでの時間的な距離が大切である。というのもそれは〈聖なるもの〉に近づいてゆく心の深まりの距離でもある。求心状態がつくられてゆく過程なのだ。高山寺へゆくのと似たような経験は、京都で言えば浄瑠璃寺への、あの丘をこえ、林をこえてゆく道のりにも味わうのだが、パリに留学していたころ、ブルゴーニュのヴェズレーにある聖マドレーヌ教会へ行った時も、オーヴェルニュの山奥にあるロマネスク（中世ヨーロッパの一建築様式）のオルシヴァル教会へ行った時も同じような経験をした。

あのゆるやかなブルゴーニュの春の丘に花が咲き乱れる時、ヴェズレーの丘の上にある美しい聖マドレーヌ教会の塔を遠くから仰ぎながら一歩一歩、坂道をのぼってゆく感動は言葉につくしがたい喜びである。また、夏も深い霧につつまれた寒村のオルシヴァル教会の尖塔が少しずつ、歩むにつれてその姿をあらわしてくる時のよろこびも同じであった。

冒頭、「私は京都へゆくと殆どいつも何とはなしに高山寺を訪れる」から始まります。これは「私」の話だから、体験を示した具体例、すなわち飾りですよね。どこまでかというと、6行目「私の心は不思議なやすらぎを覚える」までが、私の話で具体例です。**具体がきたら、筆者は必ずどこかで抽象化します。**そこで見ていくと、次の7行目に「寺へまいるということは」とあります。寺へ参ることという一般的な話になっていますね。ここから、私のエピソードから寺へ参るという一般へと抽象化しています。では、この一文には線を引いておきましょう。「寺へまいるということは、そこまでの時間的な距離が大切である」さらに、「というのもそれは〈聖なるもの〉に近づいてゆく心の深まりの距離でもある。求心状態がつくられてゆく過程なのだ」と続きます。

読解のルール

具体→抽象を意識せよ！

寺に参るということは、単に寺に行くことが大事じゃなくて、そこに行くまで、例えば高山寺ならば、山道を上って上って、そうしていくうちに、心が深まってくる、そのことが大切だと言っています。その後はまた具体例です。例えば、「浄瑠璃寺」や「聖マドレーヌ教会」「オルシヴァル教会」へ行ったときも同じだと言っていますよね。ということは、寺や教会など、聖なるものに出会うためには、そこに行くまで時間をかけて歩くということが大切なんでしょうね。そうすると、心が深まってくると言っています。具体例が出てきたら、どこで抽象的になるかということを、必ず確かめておきましょう。

引用の役割

では、続けて読んでいきます。

そんな時、私はよく、詩人、ポール・クローデルの「神に向っておのれを低める」という言葉を思い出すのである。

彼はアンドレ・ジイドに向って、山は遠くにある時、人はおのれと同じ高さだと思うが、山に近づくにしたがって、おのれがいかに低い、小さい存在であるかを知ることができる、と述べ、神と人間の関係を比喩したことがある。

私は先ほど寺にまいるその［A］を［B］と［C］と呼んだが、それはクローデルの言う、自己を低める行為のことを意味してもいるのである。高山寺や浄瑠璃寺、あるいは聖マドレーヌ教会にむかってゆく歩みのなかに、私はその働きが自分のなかにおこるのを感ずる。

18行目、ポール・クローデルの言葉を引用していますね。線を引きましょう。「神に向っておのれを低める」。つまり高山寺に行くときも、ブルゴーニュの聖マドレーヌ教会に行くときも、その聖なるものに出会うために歩くことは、クローデルの言葉によると、おのれを低めているんですよね。おのれを低めることで、聖なるものと出会っている。

読解のルール

引用も主張とイコールの関係になる。

クローデルは山の例を挙げていますね。山は遠くにある時、人は自分と同じ高さだと思う。ところが山に近づくにつれてどんどん大きくなる。おのれが自然に対して、いかに低い、小さい存在であるかということを実感できる。このことを「神と人間の関係を比喩した」と書いています。

ここまで読んできて気がつきましたか。そうです、高山寺のエピソード、あるいは聖マドレーヌ教会のエピソード、さらにはクローデルの引用、全て具体例で、イコールの関係です。**つまり、聖なるものに出会うためには、「おのれを低める」という行為が大切だってことですね。**

次の23行目「私は先ほど寺にまいるその［A］を［B］と［C］と呼んだが、それはクローデルの言う、自己を低める行為のことを意味してもいる」。ここにも線を引きましょう。「おのれを低めるということ」が、ここまでの文章でただ一つの要点です。何度も同じような具体例を並べていますが、要点は「おのれを低める行為」。あとは飾りに過ぎません。**このように具体と抽象を意識すれば要点をつかまえることができます。こうして論理を追って本文に線を引いておけば、問題を解くときには、**まずそこを見ればよいのです。

では、問題を解いていきます。

●●● 解答の手順 ●●●

問一の漢字の解説は省略します。漢字は知識の問題だから、知っていれば答えられます。このような、すぐに解ける問題はその場で解いてしまうこと。いざ試験本番になれば、やはり緊張するものです。1時間の試験で40分、50分と時間がたって、ふと見ると、まだ答えられていない問題がいっぱい残っていたら焦りますよね。だから、解けるものは先に解いておきましょう。ある程度、時間が経過したときに、半分以上答案用紙が埋まっていると、少しでも気持ちが落ち着きますよ。もちろん、その場で解けないものは保留にして読み進め、解けるところまで読んでからでいいんです。実際にこのような方法で練習を積み重ねていくと、この設問はその場で解ける、この設問は文脈の問題だ、この設問は最後まで読まないと解けないと、だんだん判断できるようになってきます。そして、間違ったときは、なぜ間違ったのかも自分ではっきりとわかるようになります。これが力のつくやり方です。

では問七から解いていきましょう。

問七　空欄A～Cに入る最も適当な語句を、文中からそれぞれ抜き出せ。

問七は、抜き出し問題です。ここで設問の条件をチェックしましょう。語じゃなくて語句とあります。語なのか語句なのかってことは大事です。語なら一語で、語句なら複数の語ですね。

空欄Aの前は「私は先ほど寺にまいるその［A］を」とあります。寺にまいるときのことは前に書いてありましたよね。どこに書いてあったかというと、7行目に「寺へまいるということは、そこまでの時間的な距離が大切である」とある。これが一般化された要点であって、あとは全部、具体的なエピソードにすぎませんでした。

ということは、「先ほど寺にまいるその［A］を［B］と［C］と呼んだ」は、この箇所を指して書いたということです。そして、これは「自己を低める行為のこと」でもあると言っています。となると、答えが見えてきました。7行目から9行目には「寺へまいるということは、そこまでの時間的な距離が大切である。というのもそれは〈聖なるもの〉に近づいてゆく心の深まりの距離でもある。求心状態がつくられてゆく過程なのだ」と書いてあります。これを、「その［A］を［B］と［C］と呼んだ」に重ねるようにして当てはめればよいのです。

答えは、Aが「時間的な距離」。「時間的な距離」＝「心の深まりの距離」＝「求心状態がつくられてゆく過程」です。したがって、Bは「心の深まりの距離」。語句とあるので距離だけではダメです。Cですが「寺へまいるということ」＝「求心状態」ではないですよね。時間をかけて歩いて行くわけだから「求心状態がつくられてゆく過程」までがないとイコールになりません。ここで慌てると、失敗するので注意が必要です。

空欄問題の解法

空欄問題の解き方が三つあることは既に述べました。一つ目は知識を問う問題。これは知識がなければ解けません。二つ目は読解問題。読解問題は論理で解きます。問七のように、イコールであれば同じ内容の箇所を重ねると答えが入る場合があります。また、対立関係だったら反対のものが入ります。三つ目は前後の文脈から解く場合。文脈上、合わないものを消去していくと答えが見えてきます。

このように、**解き方はきちんと決まっているわけですから、いつでも一貫した方法を頭に置いて解くようにしましょう。**そうすることで、どんどん力がついていきます。間違った場合は、なぜ間違ったのかが、自分の中で明確にわかってきます。そうすれば、次はそれを修正すればよいのです。そのようにして、繰り返し問題を解いていくうち、確実にわかるようになっていくのです。何となく読んで、何となく解いて、合ったり間違ったりを繰り返していても、結局は無駄なことの繰り返しで力はつきません。

では問五にいきましょう。

問五　傍線部1を得るために、筆者はどのような具体的行為を必要としたのか。文中の一語を抜き出せ。

問五は一語で抜き出せとあります。例えば「寺へまいる」は一語じゃないからダメですよね。文中の言葉でいうと、「歩み」、「歩む」、「歩く」、こういった言葉があります。このどれでも正解です。筆者は高山寺に行くためには、山を歩いて、歩いて、気がつくと、おのれを低めている。**そうやって、おのれを低めたところで、聖なるものに出会う。これが大切だと言っているのですね。**

「まいる」を答えにした人もいるかもしれません。しかし「まいる」では、筆者が必要とした行為になるとは限らない。なぜなら、高山寺にタクシーで参ったらどうですか。あるいは観光バスで参ったら。ちっともおのれを低めていませんね。歩いて参るから、おのれを低めることができるのです。したがって、その具体的行為は、参るではなくて、「歩く」、「歩み」、「歩む」となります。これはちょっと意地の悪い問題なので引っかからないように。

では読み進めましょう。

私は京都や奈良、あるいは自分の生まれた滋賀などの古い寺を歩くのは好きだが、それは単に美意識の問題ではない。いまだに信仰をもたない私がこのようなことを言うのは［D］かもしれないが、戦前の和辻哲郎氏の『古寺巡礼』を一つの［E］とする、［F］的で教養主義的な古寺巡礼が私の心にあわないのである。と言っても私は敬虔な信者のように心むなしく神仏にぬかづくわけではないが、ただ、私が自分の心の不完全さや愚かしさをたえず身にしみて感ずる時、どれだけ自分を低めることができるだろうかと考えるのである。

道元が「仏道をならふといふことは、自己をならふ也。自己をならふといふことは、自己をわするるなり」とのべたことが、クローデルの言う「自己を低める」こととやはり根底においてつながっているようにも思う。

考えてみると、明治以降、私たちは、2あまりにも「自我」の確立を求めすぎたり、「個性」のアシンチョウを願いすぎたのではないだろうか。すでに夏目漱石は「私の個人主義」や「現代日本の開化」のなかで、そのことに強い懐疑の念を表明していたように思う。自己はたしかに生きており、その必要はあるが同時に生かされてもいる。パスカルが、われわれが生きているのは神のあわれみによってであるとのべたことは、つねに一つの動かしがたい真実なのである。

次です。27行目から42行目まで、しっかりと読んでください。では論理を追っていきましょう。29行目に和辻哲郎の『古寺巡礼』が出てきて、これは心に合わないとあります。「と言っても私は敬虔な信者のように心むなしく神仏にぬかづくわけではないが、ただ、私が自分の心の不完全さや愚かしさをたえず身にしみて感ずる時、どれだけ自分を低めることができるだろうかと考える」、ここも同じことの繰り返しですが、線を引いておきましょう。ここまでの筆者の主張として述べられているのは、自分を低めることだけですね。

そして次に、道元の言葉を引用します。引用もイコールの関係でした。道元が自分の考えと同じことを言ったから、その言葉を引用したんですよね。自分を低めることを、道元は、「自己をわするるなり」と言っています。

では、なぜ筆者がこれほど自分を低めることにこだわるのか。筆者は信仰を持っていない。それなのにお寺に参っているのは、自分を低めるための行為だからですよね。そこで次を見ると大事なことが書いてあります。37行目、ここです。「考えてみると、明治以降、私たちは、あまりにも『自我』の確立を求めすぎたり、『個性』のシンチョウを願いすぎたのではないだろうか」。線を引いておきましょう。

わかりますか。実は、自我とか個性とか、ひたすらそのことを追求したのが近代という時代だったのです。自我と個性の追求はおのれを高める行為です。それが行き過ぎたと感じたから、筆者は逆におのれを低めようとしているわけです。ということは、「前の要点」と「37行目に線を引いた箇所」の要点、つまり「自己を低める」と「自我、個性の伸張」は対立関係にあります。論理的な関係をきちんと押さえて文脈を捉えましょう。

問二　空欄D～Fに入る最も適当なものを、次のD～F群の①～⑤の中からそれぞれ一つ選べ。

D　①過信　②幻想　③見識　④皮肉　⑤僭越
E　①模範　②規範　③典範　④典型　⑤類型
F　①我没　②審美　③求道　④布教　⑤神秘

ここで解けるのが問二の空欄のD、E、Fです。紛らわしい選択肢があるから、慎重にやりましょう。ここは確実に点を取らないとダメですね。E、Fはどちらか解きやすい方から解けばいいでしょう。

さて、和辻哲郎の『古寺巡礼』とは何か。戦前、とくに大正から昭和初期にかけて、教養主義というのが非常にはやりました。その代表的なのが、和辻哲郎の『古寺巡礼』なんです。お寺巡りとは、本来信仰の形ですよね。しかし和辻は信仰ではなく、あくまで教養主義的な観点からお寺巡りをして、この本を書いたのです。内容は、このお寺は何時代に建てられたのか、どのような歴史があるのか、また、仏教芸術とはどのようなものか、というものです。これが当時の知識層にもてはやされたのです。こういった教養をしっかりと身に付けた上でそのお寺に行くと、見方が違ってくるということなのでしょう。

しかし、筆者は信仰は持ってないけれど、こういった教養主義的な古寺巡礼は心に合わないと言っています。なぜ合わないのか、もうわかりますね。お寺に参るのは、自分を低めるためです。自分を低めたところで、聖なるものに出会うためでしょう。

そこで、空欄D。「いまだに信仰をもたない私がこのようなことを言うのは［D］かもしれないが」とあります。「このようなこと」とは何でしょう。「信仰をもたない私が古寺巡礼という信仰を語る」ことです。つまり、本来語る資格はないけれど、ということになります。と考えれば、答えは⑤の「僭越」です。僭越はへりくだって言うときに使う言葉で、例えばスピーチの際に「若輩者の私ですが、僭越ながら～」のように使いますね。

次はEとFです。「『古寺巡礼』を一つの［E］とする、［F］的で教養主義的な古寺巡礼が」とあります。

空欄Fから考えてみましょう。28行目に著者が古い寺を歩くのは「美意識の問題ではない」と書いていますから、逆に、和辻は『古寺巡礼』で古寺を巡ることを教養主義的で、かつ美意識の問題として捉えていたのでしょう。そこで選択肢の中で美意識に対応する言葉を探すと、②の「審美」があります。「審美的で教養主義的な古寺巡礼が私の心にあわない」と言っているのです。

次、空欄Eは結構紛らわしいですね。選択肢を見ると、①模範、②規範、③典範。これは全て同じ意味で、どれも「模範」ということです。残るは④典型か、⑤類型かです。「類型」は似ている型のことですよね。「典型」は同類の中でその特徴を最もよく表している代表例となるもののこと。和辻の『古寺巡礼』は何かというと、たくさんある審美的で教養主義的な本の中でいちばん有名な本ですから、典型がいいですね。④典型が答えとなります。

次にいきましょう。

> 私は自己と絶対者とのかかわりを思う時、よくシモーヌ・ヴェイユが、自己を真空状態にするにしたがって神がそこに入ってくるといった意味のことを思い出す。彼女は、ほぼ現代の思想家と言ってもよいが、それは、先にのべた「自己」のとらえ方からしても十分に味わうべき意味をふくんでいるのである。クローデルもヴェイユも、ともに中世に深く惹かれたが、彼らの言葉が生まれてくる基盤には「個性」や「自我」の解放に生きた無邪気な近代への強い反省がひそんでいる。

文章全体の先が見えてきましたよ。近代が「自我を確立していかに自分を高めるのか」であるのに対して、筆者は自分を低める行為のためにお寺巡りをしています。この対立関係を意識して読み進めましょう。

次は、シモーヌ・ヴェイユを引っ張ってきましたね。これも同じことを言っていますよ。絶対者と自己との関わりについて「自己を真空状態にするにしたがって神がそこに入ってくる」と言っています。自分が真空状態、つまり心が空っぽになるから、そこに神が入ってくるのです。しかし、現実はどうか。47行目「『個性』や『自我』の解放に生きた無邪気な近代」なのです。どちらにも線を引いておきましょう。これ、対立関係ですよ。近代は無邪気に個性や自我の解放と、自己を高めることばかり言ってきた。それを反省するシモーヌ・ヴェイユは、自己を真空状態にすると、そこに神が入ってくると言うのです。しかし、真空状態の逆で、おのれが、おのれがと言っていると、そこに神は入ってきません。それが近代だということです。

●●● 合格祈願に見る現代の信仰 ●●●

例えば、皆さんが受験生になったら、初詣に行って合格祈願をするかもしれません。もちろん、一生懸命勉強して、お祈りするのはよいことです。しかし、ろくに勉強もせずに神頼みをするのはどうでしょう。お賽銭箱に百円入れて「どうか神様、合格させてください」と言って、もし神様が「よし、百円もらったから、お前の願いを聞いてやろう」と思ってその人を合格させれば、本来合格すべき誰かが、落ちることになる。そんなことを聞き届ける神様はいないし、もしいれば悪魔ですよね。

自分だけは助かりたい、お金持ちになりたい。合格したい。自分が自分が、と聖なるものに対して自分の欲望をむき出しにして、それを恥ずかしいと思わないのが、現代人の感覚じゃないですか。では、合格祈願に行ったらいけないのかというと、そういうわけではありません。やるだけやって、そして、あとは自分を空っぽにして、祈ればよいのです。そうすると、自分の心が真空状態になるから、そこに神が入ってくる。真空状態になれば、試験本番で、じたばた焦ることもないですよね。合格するか不合格になるかはその人の実力次第です。でも、神が入ってくるような精神状態であれば、恐らく自分の力を十分に発揮することができるでしょう。その結果、不合格になっても、これは努力不足で自分の責任ですよね。本来、信仰ってそういうものだと思います。つまり、聖なるものに対して、いかに自分を低めるか。空っぽにするか。ところが、私たちの多くは逆であって、神の前で自分の欲望をさらしている。それを何とも思わないのが近代以降、現代という時代だっていうことですよね。

では、本文に戻って読んでいきますよ。

私は高山寺やその他、中世の寺を歩く時に、いつも西欧や日本という限定なしに、中世という時代が個人に、否応なしに強いた極限的な状況が、その思考を鋭く、また深く錬磨したと思わずにはいられない。善にも悪にも途方もないことがおこり、いずれにも[イ]カドということがあった中世が、心や精神のつよい振幅のゆれうごきのなかから、たとえば明恵上人、法然、親鸞を生み、あるいは聖フランチェスコやアベラールを生み出したことに私は感銘する。

中世という時代は、[3]自己を高めようとしたルネサンス以後とは逆に、自己を低めようとした時代であった。低めることで見えてくるものは、自己と絶対者との関係、あるいは自己と世界との関係であったろう。それは単に宗教の領域だけでなく、文学や芸術にかかわりあうものの領域にもおこったことであった。たとえば大伽藍を建てた人々が、あるいは美しい祭壇画を描いた人が、いずれも「これらの栄光を我に帰することなかれ、ただ神の御名にのみ帰したまへ」という言葉を刻んだことは、自己を「無名」とすること、自己を低めるという行為を端的に示した例であったと思う。

明恵上人、法然、親鸞、いろいろ挙げていますが、彼らは皆、中世に生きた人たちです。55行目、また大事なところが出てきたので線を引きましょう。「中世という時代は、自己を高めようとしたルネサンス以後とは逆に、自己を低めようとした時代であった」。対立関係ですよ。「自己を低めようとした中世」⟷「自己を高めようとしたルネサンス以後」。こういうことですね。

「低めることで見えてくるものは、自己と絶対者との関係、あるいは自己と世界との関係であったろう」。ルネサンス以降、つまり、近代以降は自己を高めようと、「自分が自分が」となった。その結果、まさに神は死んだわけですね。神と自己との本来の関係が失われ、自然と自己、世界と自己との関係が損なわれていったのが近代です。環境問題もその一つでしょう。

次は具体例です。58行目、「たとえば」以降です。「大伽藍を建てた人々が、あるいは美しい祭壇画を描いた人が、いずれも『これらの栄光を我に帰することなかれ、ただ神の御名にのみ帰したまへ』という言葉を刻んだこと」が「自己を『無名』とすること、自己を低めるという行為を端的に示した」例ですね。線を引いておきましょう。大伽藍を建てても、美しい祭壇画を描いても、自己を無名とすることが自己を低める行為なのです。

近代以降は、絵画にしても、これはピカソの絵だから何億円もするとか、まずつくった人の名前がある。その名前によって価値が決まってしまいますね。ところが、**中世の芸術家たちは、名前をあえて書かなかった。彼らは自分を空っぽの真空状態にしたから、そこに神が入ってきた。だから、この芸術作品をつくったのは神だと言って、名前は残さなかった。これが中世の心なのです。**

> 優れた芸術作品はそれをつくった人の名前を忘れさせる。それはリルケがのべたように、宇宙の沈黙の承認を受けて、この世界に、4まるで自然の「物」のように存在する。中世の

多くの芸術作品は、それをつくった人の名前をもっていない。それでいて私たちを感銘させる。自己を低めることは敬虔であり畏れである。その心が逆に美しいものをつくるのである。それが中世の心というものであろう。

62行目、これも具体例ですよね。「優れた芸術作品はそれをつくった人の名前を忘れさせる。それはリルケがのべたように、宇宙の沈黙の承認を受けて、この世界に、まるで自然の『物』のように存在する」。物は、自分が自分が、と自己主張しません。優れた芸術作品も自己主張しないのです。他の自然と、まさに一体化しているでしょう。最後、線を引きましょう。これは結論。「自己を低めることは敬虔であり畏れである。その心が逆に美しいものをつくるのである。それが中世の心というものであろう」。結局、この文章の要点は、おのれを低める心についてでした。そして、筆者は現代においても、おのれを低めようとしている。なぜかというと、近代以降、おのれを高めることばかりやってきたことの反省からですね。

問三 **傍線部4とはどういうことか。最も適当なものを、次の①〜⑤の中から一つ選べ。**

① 自己を低めつつ孤高をたのんで

② 自ら充足しつつ調和を保って
③ 輪郭の確かさを誇示しつつ
④ 制約をしりぞけつつ自由に
⑤ 個を滅却しつつ超然として

では残りの問題を順番にやっていきましょう。まず、問三です。これも選択肢がちょっと難しいですよ。傍線部4「まるで自然の『物』のように」存在するとはどういうことか。まず、主語は何ですか。**主語もきちんとつかまえずに、いきなり答えを出そうとしてもダメですよ。**選択肢があればたまたま合うかもしれないけれど、記述になると正解できなくなる。まるで自然の「物」のように存在するのは、優れた芸術作品です。そして、優れた芸術作品は、芸術家がおのれを真空状態にして、そこに神が入ってきて作ったものです。それが宇宙の承認を受け、自然と調和する。だから、自然の物のように存在しているのですね。

このように考えて、芸術作品について書かれたものを探します。③「輪郭の確かさ」④「制約をしりぞけ」は関係ないですよね。①「自己を低め」はよいけれど、「孤高」は「自己を高める」ことだから、この選択肢は矛盾をはらんでいますよね。

残るは②「自ら充足しつつ調和を保って」と、⑤「個を滅却しつつ超然として」。⑤「個を滅却」

はまだよいのですが、超然はどうか。例えば「あの人は超然とした態度で」というのは、細かいことにこだわらないような様子をいいます。芸術作品が超然とするわけがないから、これはおかしいですね。**雰囲気で選択肢を選ばないで、言葉の意味をきちんと捉えましょう。**②の「自ら充足」は満ち足りていること。つまり満ち足りて自然と調和する、一体化しているということなので、こういった様子は優れた芸術作品を形容する言葉として適切です。答えは②。

問四　本文の内容と合致しないものを、次の①～⑥の中から二つ選べ。

① 宗教的帰依なくしても、超越的恩寵による人間の生のありようは信じられる。
② 宗教的創造物の正しい美的鑑賞は、敬虔な心をもつことで可能である。
③ 地上の距離と歴史の時間を超えて、自己を低める心は通じあう。
④ 自己を低め得るという期待が、中世の寺々へ詣でる動機となる。
⑤ 絶対者の前に敬虔であることは、世界に同化することである。
⑥ 心のやすらぎとは、〈聖なるもの〉の前での自己陶酔である。

問四にいきましょう。今度は、内容に合致しないものです。設問をよく確かめるように。

①「宗教的帰依なくしても、超越的恩寵による人間の生のありようは信じられる」。筆者は信仰を持っていませんでした。しかし、おのれを低めるっていう行為をしているわけだから、合致しています。

②「宗教的創造物の正しい美的鑑賞は、敬虔な心をもつことで可能である」。筆者は宗教的創造物の正しい美的鑑賞のしかたについて述べたわけではないから、合致しません。

③「地上の距離と歴史の時間を超えて、自己を低める心は通じあう」。高山寺を参るときもヨーロッパの教会を訪れたときも、自分を低める心は同じでした。また、中世は自分を低めた時代でしたが、現代においても筆者はおのれを低めようとしています。ということは、地上の距離、歴史の時間を超えて通じ合っているので、③は合致。

④「自己を低め得るという期待が、中世の寺々へ詣でる動機となる」。筆者の場合はそうでしたよね。これも合致しています。

⑤「絶対者の前で敬虔であることは、世界に同化することである」。この選択肢は少し難しい。「世界に同化」という言葉は本文にはありませんが、選択肢の中には本文に書いている内容を、あえて別の言葉で言い換えたり表現を変えたりすることがあるのです。ここが難しいところですね。筆者は、絶対者の前でおのれを真空状態にして、そこに神が入ってくると言っていました。あるいは、宇宙の沈黙の承認を受けて、優れた芸術作品は自然の物のように存在するとも言っています。と考えると、世界に同化するという言い方もおかしくはない。おのれが空っぽになれば、神や宇宙、世界と

調和して一体化できるとも言えますよね。⑤に自信が持てなければ、保留にして次を検討しましょう。

⑥「心のやすらぎとは、〈聖なるもの〉の前での自己陶酔である」。心のやすらぎは、おのれを低めることなのに、自己陶酔は自分に酔うことだから、おのれを高めることに近い。と考えれば、これは合致しません。したがって、⑤で迷ったとしても、②と⑥は明らかに本文と合致しないので、答えは②と⑥。

問六 傍線部2のような風潮に対する筆者の揶揄の言葉はどれか。文中の一語を抜き出せ。

問六、傍線部2は「あまりにも『自我』の確立を求めすぎたり、『個性』のシンチョウを願いすぎた」。つまり、おのれを高めることですね。同じようにおのれを高めることが書かれている他の箇所にもちゃんと線を引いてありますよ。47行目「『個性』や『自我』の解放に生きた無邪気な近代への強い反省」、これがイコールの関係です。ここから傍線部2のような風潮に対する揶揄の言葉を探します。揶揄とはからかうこと。ということは、何でも個性や自我を解放すればよいのだっていうのが近代。これをからかっているのが「無邪気な近代」ですよね。

さて、実は問題はここからなのです。設問には「一語」とある。「無邪気」が一語なのか「無邪気な」が一語なのか。これを判断できないと間違ってしまいます。これは非常によく出る、間違いやすいものです。

例えば「静かだ」という形容動詞なら、その連体形の「静かな」は一語。これに対して「男だ」は「男」が名詞で「だ」は断定の助動詞。だから二語です。つまり「無邪気な」が形容動詞なら一語だから答えは「無邪気な」。名詞「無邪気」＋断定の助動詞「だ」なら、答えは「無邪気」になるのです。

じゃあ、どうすればわかるのか。この形容動詞と、名詞＋断定の助動詞の区別は本当によく出ますから、しっかりと覚えてください。こういう問題は、必ずいったん終止形にして考えます。断定の助動詞は、原則として連体形が存在しない。例えば「男だ」の「だ」を仮に連体形にすると「男な」。しかし「男なこと」「男なもの」って言わないですよね。一方の形容動詞には連体形が存在します。「静かだ」を連体形にして、「静かな夜」「静かな部屋」と言いますよね。

ただし断定の助動詞には例外がある。「な」の下に助詞「の」がくるときに限って連体形が存在します。例えば、「男なので」「男なのだ」などですね。この場合の「な」は断定の助動詞「だ」の連体形です。

さて、問題の「無邪気だ」は「無邪気な人」「無邪気な笑顔」のように言えるから、形容動詞です。したがって「無邪気な」が一語です。答えは「無邪気な」。

問八 傍線部3「自己を高め」るとは、ここではどういうことか。十字以内でわかりやすく言い換えよ。

問八、最後の問題ですけれども、「『自己を高め』るとは、ここではどういうことか。十字以内でわかりやすく言い換えよ」。これも線を引いたところを見ていきましょう。自己を高めることを述べたところに、既に線が引いてありますよ。37行目の「『自我』の確立を求めすぎたり、『個性』のシンチョウを願いすぎた」、あるいは47行目「『個性』や『自我』の解放」とありますよね。**ということは、個性や自我という言葉があれば、基本的には正解です。**

「自己を高める」を言い換えると「自我の確立や個性の伸張」ですね。しかし、これだと字数オーバーになります。簡単なのは、47行目の、「『個性』や『自我』の解放」を抜き出して、かぎかっこを取ってやればいいのです。答えは、「個性や自我の解放」ですけれども、設問は「言い換えよ」であって抜き出しじゃないから、個性や自我という言葉が両方含まれていれば、全て正解です。

解答

問一 ア ④ イ ⑤ （各2点）
問二 D ⑤ E ④ F ② （各4点）
問三 ② （6点）
問四 ②・⑥ （各4点）
問五 歩み（歩む・歩く） （4点）
問六 無邪気な （4点）
問七 A 時間的な距離 B 心の深まりの距離
C 求心状態がつくられてゆく過程 （各2点）
問八 個性や自我の解放 （6点）

第3講

『曖昧への冒険』

山崎正和

●目標得点 30点

問題 ▶ P.20

本講のねらい

産業化の世界観を理解できたかどうか。接続語問題の解き方、文脈力、空欄問題、紛らわしい選択肢の見分け方、相対的判断など、難問をいかに得点できるかを解説します。

さて、第3講ですが、おそらくこの文章の内容を本当に理解した受験生は、あまり多くはいないでしょう。設問は基本的に選択問題中心ですから、そこそこ点は取れるかもしれません。ただ、この文章が何をいわんとしているのか、そこを理解しようと思うと、そう簡単ではありません。そう思えるほど、いささか難解な文章です。

ひとまず、本文を読んでいく前に、問一の漢字の問題について解説しておきましょう。

漢字の問題は最初に解く

問一 傍線部ア〜オのカタカナを漢字に改めよ（楷書で正確に書くこと）。

現代文には大抵、漢字の問題があります。これはいちばん最初に解いてください。ただ漢字を書くだけでなく、その前後の文脈をしっかり押さえて、同音異義語に引っかからないようにして解くように。

最初に漢字の問題を解くのはなぜかというと、試験本番のときに緊張してしまい、うっかりど忘れすることもあるからです。最初に解いておけば、そのときに書けなくても試験時間内に思い出すことだってあります。ほんのちょっとのことですが、1点で合格、不合格が決まることもあるので、万全の対処をしてほしいと思います。

今回の漢字ですが、頻出の熟語もあって結構重要です。中でも**ア**の「索漠」、**イ**の「相殺」。これは読み方も出ます。「そうさつ」と読まないように。さらに、**エ**の「遵守」は意味も大事で「固く守ること」ですね。**オ**「輪郭」もよく出ます。この辺りは、もし間違ったなら確実に覚えるようにしてください。

では、本文を読んでいきましょう。

> 政治や経済の分野でも、また文化史の分野でも、さまざまな作業仮説としての時代区分は現に行われているし、そのいくつかは、人間が技術的に行動するためにひとつのめやすとして有効でもある。

「話題」を意識せよ

まずは何が話題かをしっかりつかまえましょう。ただ読んでいると、ぼうっとして活字から目が離れてしまいます。常に能動的に頭を使うことを意識してくださいね。

ここでは時代区分について言おうとしていることがわかります。では、時代区分に対して、筆者はどのような評価をしているのか、考えていきましょう。1行目に「作業仮説」という言葉があります。とりあえず囲んでおいてください。その後の「技術的に行動するためにひとつのめやすとして有効でもある」。ここもチェックしておきましょう。

「めやすとして有効でもある」と言って、時代区分は役に立つと、一見、評価しているようですが、**このような表現はどうでしょうか。実は、それ以外ではあまり有効ではないってことを暗に語ってい**

るわけですね。となれば、どこかで「有効でもある」をひっくり返すはずですよ。この先はそれを意識して読んでいきましょう。自分の意識で文章を読むのではなく、筆者の立てた筋道、つまり筆者の意識で文章を読むことを徹底して意識的に行ってください。では、次を読んでいきます。

> たとえば、一九六〇年代以降の日本では、「情報化時代」という言葉が社会の標語となり、これが企業生産や行政に一定の指針を与えて来たのは、明らかな事実であった。しかし、そうした時代概念は、人間が生きるための便宜的な手段ではあっても、生きるための気力をかきたてる、精神全体の原動力となるものではない。

具体例のシグナル

ここで筆者はしっかりとシグナルを送っています。「たとえば」。これを囲みましょう。わかりますね。この後に、時代区分が技術的に行動するために目安として有効であることの証拠となる具体例がきますよ。「一九六〇年代以降の日本では、『情報化時代』という言葉が社会の標語となり、これが企業生産や行政に一定の指針を与えて来たのは、明らかな事実であった」。このように、技術的な目安としては有効だというわけですね。この「技術」って言葉はしっかりと押さえておきましょう。「情報化時代」と時代区分を決めたら、この時代はいかに情報を集めるか、情報を活用するかを重視する社会だったと目安にできるわけですね。ただ、あくまで目安に過ぎません。つまり本質的なことではないってことを言っているわけです。だから、どこかでひっくり返るだろうと思っていると、案の定、次に「しかし」とある。

「しかし」という接続語をチェックしましょう。**ここでこれまでの話をひっくり返して、この後に筆者の主張をもってきます。**では、その主張とは何か。「そうした時代概念は、人間が生きるための便宜的な手段ではあっても、生きるための気力をかきたてる、精神全体の原動力となるものではない」。線を引いておきましょう。**時代区分は便宜的な手段、あるいは技術的に行動する目安にはなると消極的に評価しながらも、「生きるための気力をかきたてる、精神全体の原動力となるものではない」と言っているのです。当然、筆者の言いたいことはこちらですね。**

次にいきましょう。

> 考えて見れば、産業化の世界観は資本主義であれ社会主義であれ、歴史に一定の作業計画をたて、それを目標として人間を集団的に大動員する思想であった。これはもともと技術的な歴史観であって、その時代区分も本来はいわば、作業を進めるうえでの手順や日程として立てられたもの、と見ることができる。

読解のルール
逆接の後に筆者の主張がくる!

産業化の世界観とは

「考えて見れば」とは、今言ったことをさらに深く考えると、ということですよね。つまり、ここから本格的に話を展開するわけです。

次の「産業化の世界観」を囲みましょう。非常に大事な評論用語です。第2講は「近代という時代」についての問題でした。後でもう少し詳しく説明しますが、近代化を象徴する言葉が産業、産業化です。いかに多くの物を生産するか。それを進歩と考えるような価値観が近代でした。物を生産するために山を切り崩し、工場を建て、そして産業を興して生産力を高めていくことが重要視されたわけです。つまり、産業化の世界観っていうのは、要は近代のありようそのものなのですね。

次です。「資本主義であれ社会主義であれ、歴史に一定の作業計画をたて、それを目標として人間を集団的に大動員する思想であった。これはもともと技術的な歴史観であって、その時代区分も本来はいわば、作業を進めるうえでの手順や日程として立てられたもの」。

また技術的という言葉が出てきましたよ。産業化の世界観において、時代区分は技術的なものなのですね。それはあくまで便宜的な目安であって、その時代区分とは、作業を進めるうえでの手順や日程に過ぎないと言っていますよ。「技術的な歴史観」と「手順や日程」という言葉にもチェックをしておきましょう。

●●●「逆説」の効用●●●

［A］、あまりにも技術的な思想は価値観について無邪気であり、そのゆえにかえって特定の理念を標榜する思想よりも、一層、熱狂主義に傾くという逆説を見せる。

空欄Aがあって、その後に「あまりにも技術的な思想は価値観について無邪気であり、そのゆえにかえって特定の理念を標榜する思想よりも、一層、熱狂主義に傾くという逆説を見せる」と続きます。この「逆説」という言葉、英語で言うとパラドックスですね。これを逆接の接続語「しかし」とか「だが」と混同しないようにしましょう。

逆説というのは、一見、矛盾するように思えることでも、よく考えれば何らかの本質を表していることですよね。一つ具体例を挙げましょう。「急がば回れ」。急いでいるときは近道をするべきだと誰もが思います。急いでいるのに回り道をせよっていうのは、一見、正解とは逆に思える。でも、よく考えると、あわてるよりも慎重にやった方が、かえって早いのだという、ある種の真実を語っていますね。これが逆説的表現です。

では、なぜこの逆説的表現が有効なのか。急いでいるときに「あわてないで」と言っても、なかなか人の心には響かない。「そんなのわかってるよ」と言われておしまいですよね。でも、「急いでいるときこそ、回り道をせよ」と言われると、「え？」と思うはずです。この、「え？」と思わせるのがパラドックスです。そこで人は立ち止まって考える。そして、「確かにそうだ、あわてて失敗するよりも慎重にやった方が、かえって早くて、うまくいくこともあるな」と思うわけですね。

このように、一見、正解と逆のことを示すと、大抵の人はそこで、「え？」と思って立ち止まり、それについて考える。これが逆説の効用です。

読解のルール

逆説（パラドックス）とは「急がば回れ」。

さて、ではこの部分がなぜ逆説になるのでしょう。技術的な思想や時代区分は単なる目安に過ぎない。だから生きるための気力や精神の原動力とはならない。本当に大事なのは生きるための気力や原動力のはずですよね。しかし、生きるための特定の理念のような難しいことよりも、単純な目安であるがために、人々は熱狂しやすい、つまり熱狂主義に傾くのですね。それを逆説と言ったわけです。

日本の近代化とは

> いつしか手段が目的となり、［B］が至上命令と化して、人間の精神全体の大動員が進められたのであったが、現代は、この擬似的な［C］が急速に冷却した時代だといえる。あとに残ったものは、剝き出しに技術的な時代概念ばかりとなり、熱狂から醒めた現代人には、それがいやがうえにもア サクバクと映るのである。

さて、論理を追うことはできたけれど、この部分の文章が一体何を表現しているのかが、おそらくわかりにくいと思います。ここでの鍵は何かというと、産業化の世界観です。これを近代の生産主義と言い換えたらピンときませんか。近代は、いかに効率よく多くの物を、他の国より生産するかに価値観を置いた時代です。合理化を図り、あるいは環境を破壊しながら、いかに生産力を高めるかに心血をそそぎ、そのためには科学を発達させなければダメだと突き進んできたわけですね。

また、生産するってことは物を作り、売るわけですから、お金こそが大事だと考える拝金主義を生み出します。そして、いかに多くの物を生産するかに価値を置くことで精神が荒廃してしまったのが、近代の後の現代の状況だということは、第1講でも説明しました。

また、近代では特定の思想を標榜することはありませんでした。物を生産しさえすれば、それでいいわけだから、思想でもなんでもない。例えばマルクス主義が特定の宗教なら、それに対立する主義や宗教が他にあるわけだから、全ての人が熱狂することはなかったはずです。では、近代化の産物である生産主義・産業化の世界観が特定の思想を標榜しなければ、どうして熱狂主義に傾くことができたのでしょうか。

なぜ熱狂主義に傾いたのか

例えば、日本の江戸時代までを考えればわかると思います。昔は物が生産できないと、人々は貧困に陥りました。とくに農業などは、自分の努力ではどうしようもなかったでしょう。日照りや台風で作物が収穫できなかったら、どれだけ努力したって、待っているのは飢えや貧困です。しかし、もし生産力を高めることで人々が物質に溢れた生活を送ることができれば、それによって多くの人が貧困から解放されます。そうすれば子どもに教育を受けさせることもできるようになります。

貧しい時代は、子どもは学校に行くよりも、働けと言われたものです。しかし、みんなが学校に行くようになって知識や教養を身に付け、物事を判断する能力がつけば、その先に、初めて、一人ひとりの意思を反映させるような民主主義が成立することになります。これに誰が反対しますか。多くの物を生産すれば、世の中が進歩し、人々は豊かで便利な暮らしができる。貧困から解放され、飢えることもなく、子どもたちは学校に行き、そこで世の中のことを理解して、選挙では正しい一票を投じることができる。そうやって民主主義が成り立ってきたとすると、反対する人はいなかったでしょう。だから熱狂した。つまり熱狂主義になったのですね。これには思想は関係ありません。これが産業化の世界観だったのですね。

索漠とした現代の時代概念

その結果、どうなったのか。このような熱狂主義は冷めるのも早いものです。お金ばかり大事にしていていいのだろうか。どんどん環境を破壊して物を生産していけば、この地球が危うくなる。本当にこれでいいのだろうか。また、道徳心の欠如や精神の荒廃。ふと立ち止まったとき、これらが熱狂主義の果てに露出されてきて、われわれは既に熱から冷めてしまったのです。「あとに残ったものは、剝き出しに技術的な時代概念ばかりとなり、熱狂から醒めた現代人には、それがいやがうえにも索漠

と映る」。これが現代だと言っています。

特別講義①で、近代化については物質的な観点からは生産主義、精神的な観点からは自我の確立が特徴であるという説明をしました。これを理解しておくと、近代について書かれた評論がとてもわかりやすくなります。

最後まで読んでから解くべきか

では、ここまで読んで解ける問題を解いておきましょう。解けないものは保留にして、解けるところまで読んでから解けばいいんでしたよね。ただ、論理をしっかり追って読む練習を重ねていると、おのずと答えが出ることが増えてきます。力がつけばつくほど、どんどん答えが途中で出てくるようになる。しかし、出てこなければ無理をすることはありません。やがて力がつけば、途中で問題が解けるようになっていきますから。

では問二です。

問一 空欄Aに入る最も適当なものを、次の①〜⑤の中から一つ選べ。

① あるいはまた　② たとえば　③ したがって
④ だが　⑤ のみならず

問二は接続語の問題。これは絶対に落としてはいけない問題です。今回のような難しい文章の場合、難しい問題を落としても致命傷にはならないけれども、皆が解ける問題を落とすと致命傷になります。

接続語の問題は空欄Aの前と後との論理的な関係を考えればいいのでしたね。空欄Aの前には、時代区分は作業の手順や日程として立てられたもの、とあります。つまり、精神全体の原動力となるものではないということですね。ところが空欄Aの後は、そのゆえに熱狂主義に傾き多くの人の精神が大動員された、とある。ということは、空欄Aの後からは逆の展開になっていますね。そこで逆接を探すと④「だが」しかありません。これは落とせない問題ですよ。

問三 空欄Bに入る最も適当なものを、次の①〜⑤の中から一つ選べ。

① 企業生産　② 作業計画　③ 情報化
④ 集団化　⑤ 世界観的な主張

次は問三です。空欄B。「いつしか手段が目的となり、B が至上命令と化して」とあります。7行目に「産業化の世界観は資本主義であれ社会主義であれ、歴史に一定の作業計画をたて、それを目標として人間を集団的に大動員する思想であった」と書かれています。つまり、産業化の世界観では作業計画が目標となってしまったということです。そして、続けて「その時代区分も本来はいわば、作業を進めるうえでの手順や日程として立てられたもの」とありますね。ここから、「手段」とは「時代区分」のことだとわかります。「時代区分」は作業を進めるための「手段」なのですから、なにが至上命令なのかというと「作業計画」です。

では、他の選択肢を見てみましょう。空欄Bには「時代区分」が「手段」となるものが入るのだから、①「企業生産」、③「情報化」、④「集団化」、⑤「世界観的な主張」は関係ありませんね。また、1行目にも作業仮説という言葉があります。ということで、答えは②「作業計画」です。

問四　空欄Cに入る最も適当な語句を、第一段落中から抜き出せ。

では問四の空欄C。これも落とすことができません。問一から問四まで、しっかり得点できれば合格点に届くと思います。

さて、設問には「語句」「第一段落」という条件があります。第一段落は冒頭から15行目まで。ここまでに読んだ部分ですよね。そして、語でなく語句です。語は一語のことで、語句は複数の語でした。

そこで空欄Cを見ると「この擬似的な［C］が急速に冷却した時代」とあります。ということは、指示語の問題でしょう。**これより前に空欄Cに当たる言葉があるはずですね。既に出ているから「この」と言うのです。**では、その言葉はどんなものかというと「擬似的」つまり偽物である。さらに「急速に冷却」ということは、当然、熱いものです。そう思って探すと、「熱狂主義」という言葉があります。熱狂主義は本来、生きるための原動力となるものではないのに、これが多くの人の精神を動員しましたよね。つまり偽物です。だから、「擬似的な熱狂主義」とあてはまります。「熱狂」を答えにした人がいるかもしれませんが、語でなく語句という条件があるから「熱狂主義」が答えです。

ここまでが前半です。後半の問題はちょっと難しいかもしれませんが、選択肢に非常に紛らわしいものが出てくるので、絞り込みのよい練習になります。

ここで選択肢問題の解き方について、少し説明しておきましょう。どうしても解答を導き出すのが難しい場合は選択肢を二つまで絞り込んでください。そうすると半分の確率で正解することができますよね。これは非常に大きい。どれが正解かわからないから0点になってしまうわけではありません。選択肢を二つまで絞り込むのは決して難しいことではないですよ。もしも、設問全体の六割しか正解がわからなかったとしても、残り四割の設問のうち、選択肢を二つまで絞り込めれば、よほど運がない限り半分の二割は正解できます。すると全体で八割の点数になります。だから、自信をもって正解と判断できなくても、できるだけ選択肢を絞り込むことが重要なのです。

では、後半を見ていきましょう。

時代区分の枠組みが崩れた現代

けれども、今日の歴史状況の変化はたんにそれだけのことではなく、さらに現実の実質にも変質が及んで、時代区分の時間的な枠組そのものが崩れ始めている、という事実を見逃すことはできない。

現代は時代区分の時間的な枠組みそのものが崩れ始めている時代だと筆者は指摘していますよ。近代はいかに多くの物を生産するかということで、人々の精神を動員した。そしてこの擬似的な熱狂主義が急速に冷めてしまった。そして今、どうなっているかというと、時代区分の時間的な枠組みそのものが崩れ始めている、と言っています。こう書いたからには、この後に筆者はこれについて論理的な説明をしていくはずです。

では、時代区分の枠組みが、なぜ崩れたのかということを本文から読み取っていきましょう。

> この点について、まず誰の目にもわかりやすい現象は、現代の社会的な事件のめまぐるしい去来であって、ことが起っては消えて行くあわただしさのあまり、事件が事件として十分に完結し難い、ということであろう。

「ことが起っては消えて行くあわただしさのあまり、事件が事件として十分に完結し難い」。これは実感できますね。例えば江戸時代の百年の変化が、現代では十年で起こっている。また、通信技術が進化し、情報伝達手段が変わったことによって、十年かかった変化が今では一年で起こっていますよね。次から次へと事件が起こり、それが完結する前に、また次の事件が起こって、そして、一つの事件が十分、完結し難いと言っているのです。だから、時代区分の枠組みが崩れている。昔だったら、例えば関ケ原の合戦という大きな事件があった。そこで時代区分が変わりましたよね。あるいは、明治維新、第二次世界大戦、終戦から戦後。このように、大きな事件があって、それをもとに時代区分ができた。ところが今や、日々事件が起こって、そして慌ただしく消えていく。その結果、時代区分の時間的な枠組みがつくれなくなってしまったのですね。

高度産業化社会とは

第一に、高度産業化社会の活力は巨大な物質的な能力に溢れ、社会をたえまなく動かして、現実に事件の総量を増大させる宿命を負っている。その豊かさは、同時に戦争と大土木事業を併行して進める余力を備え、それのみならず、そうした活力の消費を停められない慣性に駆られている。その結果、事件はつぎつぎと先の事件が完結しないうちに頭を擡げ、互いに意味をソウサイしあって流れ去ることになるのであるが、このことはとりもなおさず、時代を象徴するような中心的事件が成立しない、ということを意味している。

では、どうして時代区分の時間的枠組みがつくれないのか。その理由をさらに詳しく述べています。21行目、「第一に」とあるので囲みましょう。「第一に」、つまりここからが一つ目の理由ですね。事件が次から次へと起こる。だから、時代を象徴するような中心的な事件が成立しない。先の事件が完結しないうちに、次々と別の事件が起こってくるから、時代区分の枠組みができないんですよね。そうなった理由が高度産業化社会の活力なのです。例えば江戸時代、社会は大きく変化しませんでした。農民たちはずっと田畑を耕しているだけでしたし、武士は基本的には物を生産しませんでした。唯一、商人は活発に活動しましたが、商人は物を作っているわけではありません。これが江戸時代です。ところが、今は生産主義によって多くの物を生産しています。多くの物を生産すれば、それだけ多くのお金が世界中で回りだし、さらに世の中が大きく変化する。巨大なエネルギーが世界を覆っているのですね。その結果、次々と事件が起こってしまう。だから、時代を象徴するような事件が成り立たないのです。これがまず一つ目の理由ですね。

次、最後まで読んでしまいましょう。

しかもそのうえに、産業化社会はまた情報氾濫の社会でもあって、おびただしい報道伝達の機関が、事件の総量をさらに印象のうえで ウ ゾウフクする傾向を見せる。皮肉なことに、現代の報道機関の関心はいまも大いに歴史主義的であり、それゆえに、時代を象徴するような事件は争って発掘されるのであるが、その競合が手応えを薄めあって、かえって時代のイメージを混乱させる結果を招いている。産業化社会の報道は、それ自体、産業化の原理を戯画的なまでに体現しており、一定の情報生産の作業計画を エ ジュンシュして、その正確な遂行を至上目的としている。したがって、新聞情報は朝夕に、また電波情報は時時刻刻に強制的に作られることになり、その分だけ、［D］。一日に一度の事件も十年に一度の事件も、その伝えられ方の比重は相対的に区別を失い、事件の意味上の遠近法は成立を妨げられる。そうなれば、事件の遠近法のうえになりたつ時代像がそのオリンカクを弱め、そこに生きている人間にたいして、有機的な全体としての印象を乏しくするのは、当然のことであろう。

前に「第一に」とあったから、次は二つ目の理由がくるはずですよね。このように筆者はシグナルをしっかり送ってくれています。そう思って見ると、「しかもそのうえに」とある。この言葉もチェック。ここからが二つ目の理由ですよ。「産業化社会はまた情報氾濫の社会でもあって、おびただしい報道伝達の機関が、事件の総量をさらに印象のうえでゾウフクする傾向を見せる。皮肉なことに、現代の報道機関の関心はいまも大いに歴史主義的であり」、次に線を引いておきましょう「それゆえに、時代を象徴するような事件は争って発掘されるのであるが、その競合が手応えを薄めあって、かえって時代のイメージを混乱させる結果を招いている」。これが二つ目の理由ですね。

読解のルール

「第一に」「第二に」というナンバリングに着目せよ。

情報化時代の危険性

現代は熱狂主義が冷めた後で、もう既に時代区分そのものの枠組みが崩れてしまいました。なぜかというと、理由が二つあります。一つ目は高度産業化の社会は巨大なエネルギーを持ち、それによって大きな事件が次々と起こっていくこと。二つ目は、情報が氾濫している社会だということですね。これ、どういうことだかわかりますか。実際には大きな事件がなくても、事件はつくられるということなんです。

32行目「報道は、それ自体、産業化の原理を戯画的なまでに体現し」とあります。この産業化の原理はもうわかりましたね。生産主義です。つまり、報道も生産主義であるから、情報を生産することが目的なんです。例えば新聞。本来は正しい情報を伝える手段として新聞がある。ところがそうではなくて、新聞を出すことが目的となってしまっている。新聞は、第一面に歴史的に意味のある大きな事件を掲載するもののはずです。しかし、実際に毎日毎日、そんな大きな事件が起こるわけではない

は文脈の問題だということになります。**条件の有無によって解き方が違ってくるのです。**第三段落は19行目「この点について、まず誰の目にもわかりやすい現象は」から、27行目「時代を象徴するような中心的事件が成立しない、ということを意味している」までですね。数えると四つの文から成り立っているので、全部検討したところでたかが知れています。

欠落文を見ていくと「この」から始まっています。ということは指示語の問題ですよね。**接続語、指示語は文法的な根拠となりますので、必ずチェックすること。**「この技術主義的な社会においては」ってことは、その前に技術主義的な社会の説明があったはずです。技術主義的な社会とは何かというと、産業化社会と同じですよね。そこでその説明を探すと、21行目「第一に、高度産業化社会の活力は」から24行目「そうした活力の消費を停められない慣性に駆られている」とあります。ここまでが技術主義的な社会の説明ですね。だから、この後に欠落文が入ると仮定できる。仮定したら確かめないとダメですよ。そこで欠落文をあてはめてみると、その次の文の始まりは「その結果」とある。「その」をチェックしましょう。ここでも指示語ですよ。つまり、「その結果」の指示内容が欠落文にないとダメだということです。欠落文を見ると「ことを起こそうとする試みはとめどなく刺戟される」とある。あてはめてみると「とめどなく刺戟される。その結果、事件はつぎつぎと先の事件が完結しないうちに頭を擡げ」と、うまくはまりますね。**ここに欠落文を入れることによって、「この技術主義的な社会」の「この」の指示内容が前にあり、さらに、この欠落文の後の文にある「その結果」**

という指示語もうまくつながる。ということで、確実に答えがわかりました。前の文の最後の六字なので、答えは「駆られている」。句読点は一字に数えません。この条件も絶対に忘れないように。「。」を答えに入れてはいけませんよ。

選択肢は二つに絞り込む

問六　空欄Dに入る最も適当なものを、次の①〜⑤の中から一つ選べ。

① 情報が無批判的に受けいれられる危険が生じざるを得ない
② 伝えられる個個の事件の印象が稀薄にならざるを得ない
③ 伝えられる事件の重みは機械的に平均化されざるを得ない
④ 報道の客観性の基準が曖昧にならざるを得ない
⑤ 報道すべき事件の選択に迷わざるを得ない

次は問六です。これが非常に紛らわしいんですよね。空欄Dにも、「その分だけ、[D]。」と「その」がある。また指示語です。**指示語は問題に絡むことが多いので、得点につながりますよ。**しっかり学習しておきましょう。

「その分」とは、その前にある「情報は時時刻刻に強制的に作られることになり、その分だけ」ということです。つまり、毎日、時時刻刻、情報が強制的に作られる分だけどうなるのか、そこにつながるものしか選べません。とすると、①「無批判に受けいれられる」は直接的には関係ない。遠回しに考えれば全く無関係とはいえないけれども、まず入らないでしょうね。④「客観性の基準が曖昧」もダメだし、⑤「事件の選択に迷わざるを得ない」も違いますよね。「情報は時時刻刻に強制的に作られることになり、その分だけ」につながるものは、②「個個の事件の印象が稀薄」か、③「事件の重みは機械的に平均化」か、どちらかでしょう。とりあえず、二つまで絞り込めました。

紛らわしい選択肢の吟味のしかた

内容としては、②の毎日事件が強制的に作られる分だけ「印象が稀薄」なのか、③の「事件の重みは機械的に平均化」なのか、どちらかですよね。迷った結果②を選んだ人も多いと思います。選んだ根拠は「印象が稀薄」という言葉でしょう。稀薄という言葉は本文にないけれど、最後に「有機的な全体としての印象を乏しくする」とあるからですよね。だから、印象が稀薄だという理由で②を選んだのだと思います。実際、どちらでも意味としては変わらない。では、どうやって判断するのかとい

うと、前後の文脈を押さえるのです。今、見たのは空欄Dの前にある指示語「その」だけです。しかし、**空欄Dに入る言葉は、後ろの文ともつながらないとダメですよね。**そこで、後ろを見てみましょう。「伝えられ方の比重は相対的に区別を失い」となっています。ここで「比重」って言葉を使っています。比重は重さに関係ある言葉じゃないですか。「印象が稀薄」であれば、それを受けて濃いか薄いかだから、比重って言葉は使わないですよね。そう考えると、**③の「事件の重みは機械的に平均化される」。それを受けて、その後の文が「伝えられ方の比重は相対的に区別を失い」とつながります。**空欄Dの前とも後ろともつながるのは、③しかないとわかりますよね。ということで、答えは③です。

非常に紛らわしかったですね。大抵の人は二つまで絞れる。二つまで絞れたら、正解する確率は半分だから、まあ、いいのですが、**あと一歩踏み込んで、前後のつながりを考えれば、どちらが正解なのか、きちんと答えが出たはずです。**

現代文の入試に同じ文章、同じ設問が出ることはありません。だから、どんな文章、どんな設問が出されても対処できるようにしておかなければなりません。今回のやり方のように、**内容で迷ったときは前後の文脈を押さえるというような一貫した方法をしっかり持っておくことが大切**なのです。その場その場で行き当たりばったりで解いても力はつきませんよ。

設問に応じて対処する

問七 **次の文章のうち、本文の筆者の考え方と合致しないと思われるものを、次の①〜⑤の中から一つ選べ。**

① 産業化を推進した世界観は無邪気な楽天主義のうえになりたっていたが、今日ではその支配力が急速に衰えつつある。

② 産業化が歴史の変化を加速しつづけた結果、今日ではかえって時代の概念そのものにひびが生じ始めている。

③ 現代ではいっさいの時代区分が無価値とされ、人びとは社会を動かす原理への関心を急速に失いつつある。

④ 今日の人間にとっては、生き方の指針や手がかりを時代の内側に探すことがむずかしくなっている。

⑤ 高度産業化社会では、それぞれの出来事の歴史的な意味がますます見さだめにくくなっていく。

最後、問七です。これは内容一致ではないことに注意。筆者の考え方と合致しないものを選ぶのですね。本文の内容に合わないものを選ぶのであれば、本文には書いていない選択肢を選べばいいです。しかし、筆者の考え方に合致しないものですから、**たとえ本文に書いていなくても、筆者の考えと合致すれば不正解となります。**

では、見ていきましょう。②からいきましょうか。「産業化が歴史の変化を加速しつづけた結果、今日ではかえって時代の概念そのものにひびが生じ始めている」。この文章の主張は、今や時代区分の枠組みが崩れてしまっているということだったから、②は筆者の考えに合致します。

次は④にいきましょう。「今日の人間にとっては、生き方の指針や手がかりを時代の内側に探すことがむずかしくなっている」。そうですよね。かつて、時代区分による熱狂主義は人間の精神を動員したけれど、今やそうではありませんから、筆者の考えと合致しますね。

⑤「高度産業化社会では、それぞれの出来事の歴史的な意味がますます見さだめにくくなっていく」。その通りですよね。時代を象徴するような事件が成立し難いと言っているから、これも筆者の考えと合致します。

残ったのはは①と③です。また二つまでは絞り込めました。これが、難問というやつですね。難問でも選択肢を二つまで絞り込むことは、それほど難しくはありません。ここまでは必ずたどり着くようにしてください。

さて、①「産業化を推進した世界観は無邪気な楽天主義のうえになりたっていたが、今日ではその支配力が急速に衰えつつある」。これを選んだ人は、おそらく楽天主義という言葉が本文に使われていなかったからではないでしょうか。設問が、「内容に一致するものを選べ」、あるいは「一致しないものを選べ」であれば、楽天主義とは本文に書かれていないので、もしかすると答えになるのかもしれません。

しかし、この問題は筆者の考え方と合致するかしないかですよね。では、筆者の考え方はどうだったでしょう。本来、時代区分とは技術的なもので便宜的なめやすに過ぎないのに、いつしか人々の精神まで大動員してしまったんですよね。産業を興し、多くの物を生産することに価値があるとされたのは、みんなが無邪気にそれに飛びついたからで、それを無邪気な楽天主義と言っても、おかしくはないですよね。楽天主義という言葉を使っていないだけで、内容的には近い。ということは筆者の考えに合致しますよね。そして選択肢の後半「今日ではその支配力は急速に衰えつつある」はその通りですね。

これに対して③「現代ではいっさいの時代区分が無価値とされ」とあって、時代区分の枠組みは崩れたと書いてあるから合致するように思えますよね。しかし、これは巧みな引っかけなのです。本当に現代では、時代区分が無価値だとされていますか？　本文に戻ってみましょう。最後の段落、29行目「皮肉なことに、現代の報道機関の関心はいまも大いに歴史主義的であり、それゆえに、時代を象徴するような事件は争って発掘される」。さて、どうでしょう。いまも大いに歴史主義的で、それゆえ時代を象徴するような事件を争って発掘しているのです。

ということは、一切の時代区分が無価値かと言えば、そうではないですよね。時代区分をいまだに重視している。だからこそ、次から次へと事件が争って発掘され、相対的に区別を失ってしまい、その結果、時代を象徴する事件が成り立たないと言っているわけでしょう。つまり③の「いっさいの時代区分が無価値とされ」は筆者の考えと合致しません。よって③が答えです。

非常に難しい問題でしたが、独力でこの内容を理解できる受験生はほとんどいません。だから、この講義を読んで皆さんが「そういうことか」ってわかれば十分です。と同時に、近代化とは何かについてある程度理解しておかないと、こういう文章をなかなか理解できないということもわかったと思います。こういう知識をたくさんストックすることも非常に重要ですから、今のうちにいろいろな文章を読んでおきましょう。

解答

問一　ア　索漠　　イ　相殺　　ウ　増幅　　エ　遵守（順守）
オ　輪郭（各2点）

問二 ④ （6点）

問三 ② （6点）

問四 熱狂主義 （6点）

問五 駆られている （6点）

問六 ③ （8点）

問七 ③ （8点）

特別講義②

記述式の解法

皆さんの中には、「選択肢問題なら何とかなるけれど、記述式問題になると途端に点数が取れない」と思っている方も多いのではないでしょうか。これは、「自分はある程度問題を理解できるけれど、記述式になるとうまく答えられない」ということだと思います。

ところが、こういった考えそのものが、いくら問題を問いても記述式で得点が取れるようにならない、いちばんの原因になっているのです。選択肢であろうが、記述であろうが、現代文の問題自体には何の変わりもありません。現代文のルールとは、「次の文章を読んで、後の問いに答えよ」。これだけです。つまり、「次の文章」を論理的に理解できたかどうかを設問で試しているわけです。文章を本当に論理的に理解できていれば、設問がどんなものであっても確実に正解を導き出せるはずです。

では、**なぜ記述式になると点が取れないのか。それは文章の読み方に問題があるからです。**

記述が苦手だという人の多くは、おそらく次のような状態なのではないでしょうか。

何となく問題文を読んで、多くの情報が整理できないまま頭の中でごちゃごちゃしている。選択肢があれば何とか答えられるけれど、記述式となると何を書いていいかわからない。とりあえず文中の言葉を抜き出したり、つなげたりしてごまかそう。

こんなやり方でどれだけ練習したところで、結局わかっていないことに変わりはないのだから、いつまでたっても本当にできるようにはなりません。頭の中が未整理な状態、これを私はカオス（混沌）と呼んでいるのですが、それでは他者（採点官）にわかるように説明できるはずはありません。

皆さんが**論理的に文章を読み、頭の中で論理的に整理できたなら、紛らわしい選択肢がない分、記述式の方が確実に得点を取りやすいのです。**記述式で高得点が取れないのは、解き方がわからないのではなくて、文章を論理的に読めていないからです。これに気づかないことには、それではどう読めばいいのかという、次の段階に進めません。

現代文で厄介なのが、選択肢があれば何となく点を取れてしまうから、自分が論理的に読めていないことに関して多くの人が無自覚のままだということなんです。だから、何とかしようと思わない。そういった意味では、この講義を読んでいる皆さんのように、論理的な読解を心掛けようとする人にとっては、記述式の方がはるかに高得点を取りやすいといえます。

文章を論理的に読むから、頭の中を論理的に整理できる。そして、論理的に整理できているから、設問に対して筋道を立てて答えられる。つまり、論理的に答えることができるのです。「何を書いたらよいのかわからない、どう書けばよいのかわからない」などという人は、文章を論理的に読めていないという証拠なのです。

記述式の問題とは、何も特別な問題を解くのではなくて、しっかりと論理を追っていけばおのずと答えが出てきます。ですから、本当の読解力をつけたなら、選択肢問題であろうが記述式問題であろうが、確実に得点が取れるのです。

記述式問題が出題される大学

ここで、大学側の事情を少しお話ししておきましょう。

出題者が受験生の学力を試すためには、本来、記述式問題を出題したいのは山々です。しかし、採点するための処理能力には限界があります。例えば早稲田大学レベルの規模だと、一学部に数千人も受験することがあります。しかも、学部ごとに試験をしなければならず、場合によっては複数試験や地方試験を実施することもあります。これに対して、採点官は基本的に大学院生や講師で、数に限りがあるのです。国公立大学だと、全学部共通の試験であることがほとんどであり、マンモス私立に比べて受験生はそれほど多くはありません。しかも大学院生の数も比較的多いので、それだけ採点処理能力も高いといえます。そのため記述式問題を出題しやすくなります。

つまり、受験者数の多い私立大学では、記述式問題を出題したくても、自校の採点処理能力に応じた範囲でしか出題できないということです。そのため、今まで記述式問題を出題していなかった私立大学が、突然記述式問題を多く出題することは不可能です。しかし、これまでも記述式問題が出題されてきた大学を目指す場合、その対策は必須です。次の解説を読んで、解法をマスターしていきましょう。

最初のステップは該当箇所を発見すること

選択肢問題であろうと、記述式問題であろうと、問題文を論理的に理解したかどうかを問われる限り、まず問題文から該当箇所を発見するのが最初のステップです。後は設問条件を踏まえ、その該当箇所をどう答えにするかになります。これを記述力がどれだけ必要になるかによって、四つのパターンに分けて解説します。

1 抜き出し問題

抜き出し問題はコンピュータではなく、人間が採点するのですが、受験生からすると、記述力は必要ではなく、採点は素人でも可能な単純作業なので、国公立・私立を問わず多く出題される形式です。

では、なぜ選択肢問題ではなく記述式問題を出題するのかというと、まぐれで正解することを極力少なくしたいからです。五択だと、どれを選んでも単純計算で二割の確率で正解になります。紛らわしい選択肢を五つも作成することは不可能なので、受験生が選択肢を四つ、あるいは三つに絞ることができれば、さらにまぐれの正解が増えてしまいます。そこで、まぐれでは正解できない抜き出し問題を出題するのです。

抜き出し問題の場合、文章全体から該当箇所を探す問題と、例えば、「第三段落から抜き出せ」というように抜き出し箇所の条件がついている問題とでは、まったく事情が異なります。前者の場合は、全体の論理構造から該当箇所の当たりをつけていかないと、時間内に正解を導き出すことは困難ですし、後者の場合は、文脈の問題となることが多くなります。このあたりは実際に問題の練習をすることで鍛えていきましょう。

2 抜き出して変形する問題

該当箇所を発見しても、それを抜き出すだけでなく、字数条件を満たすように文字を削ったり、文末を「〜から」「〜こと」などにしたりするなど、何らかの変形を必要とする問題です。

基本的には抜き出し問題に準ずるのですが、どの言葉を削るのかを判断したり、一文を名詞化して答えたりと、ある程度の文法力を必要とします。

3 要約問題

要約問題は複数ある該当箇所を一つの文にまとめます。私立大学でも、最後に一題、要約問題を出題するケースが多く、国公立大学の場合は「抜き出して変形する問題」と「要約問題」がほとんどです。また小論文では、課題文をまず要約させた後、自分の意見を論じさせるものが圧倒的に多いのです。

要約問題は配点が高い場合が多いので、これを確実に得点できるようにしていきましょう。

要約文を作るときは、まず該当箇所を複数探し出すこと。ただ漠然と探すのではなく、文章の論理構造を読み取ることで該当箇所の見当をつけることは、選択肢問題や抜き出し問題と変わりません。

大切なのは、複数の該当箇所を何となくつなげて解答を作成しないことです。該当箇所はそれぞれの文脈の中で使われている言葉なので、そのままつなげたところで正確な文章にはなりません。

では、どうするのか？　設問に対して筋道を立てて答えるのです。そのためには該当箇所にある文中の言葉を論理的に順序立てて構成しなおすことが大切です。そうすると、筋の通った文章となるのです。また、文中のポイントとなる言葉をすべて引用しているかどうかが採点のポイントとなります。

4 説明問題

設問に対して、自分の言葉で説明する問題です。この形式は東大や京大をはじめとする一部の国公立大学で出題されるもので、大学側からすると採点が大変な作業となるので、相応の処理能力が必要となります。しかし、どの大学でも数問ならば出題される可能性があるので、難関大学を受験する場合はしっかりと対策を講じる必要があります。

設問をよく読んで、何を問われているのかを考えて必要なポイントを数え上げましょう。文中の言葉を利用できるときは、後に詳述しますが、しっかりと利用します。頭の中でそのポイントを整理して、論理的な文章を作成します。

では、最後に皆さんからの質問で特に多いものを二つ選んで、答えていきましょう。

自分の答案の出来をどう判断すればいいのか

記述式問題は何となく答えを書くのではなく、必ず答えるポイントを頭の中で整理してから筋の通った文章を書くことが大切です。例えば三つのポイントがあるなら、そのうちの二つはポイントを押さえて書けた、だから三分の二は得点が取れた、というような考え方が大事です。

実際に講義をしていると、自分の書いた答案を見せにきて、「先生、これなら何点ぐらいもらえますか」という質問を受けることがあります。もちろん、質問をすることが悪いのではありませんが、このような姿勢ではなかなか力はつきません。自分でどれくらいの点数なのかを判断できるようにならないと、高得点をもらえる答案をいつまでたっても作成することができないのです。

なぜ、**自分の答案が何点ぐらいもらえるか判断できないのか。それはきちんとポイントを意識せずに答案を作成しているからなのですね。**

その設問に答えるためのポイントが何かわかると、そのうちいくつを自分が押さえたのかが自分で判断できるようになるはずです。だから、何点くらいもらえるのか、人に聞かなくても自分で判断できる。そのような答案を日頃から作成するように心掛けていると、どんどん力がついてきます。

解答は文中の言葉を使って書く

記述式問題の解答のしかたで、もう一つよく質問を受けるのが、文中の言葉を使った方がよいのか否か、ということです。

結論をいうと、文中の言葉が利用できるようであれば、利用してください。なぜなら、一つには、そこに部分点が設けられるからです。二つには、文中の言葉を使わないと答案を作ることができないからです。

ほぼ全ての記述式問題には、字数制限もしくは「簡潔に答えよ」などの条件がついています。だから、文中で使われている言葉を使わないと、制限字数では説明することができません。文中の言葉を利用できるときは利用する方が、はるかに解答しやすく、高得点が狙えます。

ただし、例外もあります。文中の言葉が比喩や特別の意味で使われている言葉で、設問が、「これをわかりやすく説明せよ」とか、「自分の言葉で説明せよ」とある場合は、話は別です。文中の言葉を使えない場合は、自分の言葉でわかりやすく説明する必要があります。しかしながら、そのような問題は東大・京大レベルの、ほんの一部の大学でしか出題されません。90パーセントは、文中の言葉を利用すれば解答を書くことができます。記述式問題には、そのような問題が出題されると考えてもらえばいいと思います。

第4講

『狂気のなかの正気 または「リヤ王」の事』

加藤周一

●目標得点 35点

問題 ▶ P.28

本講のねらい

記述式問題の実践的な演習です。要約問題を中心に、文中の語句をどのように利用するのか、高得点を獲得するための解法を理解しましょう。論理的な読解の再確認もしましょう。

●●● 漢字の問題も論理で考える ●●●

今回は一見、読みやすい文章ですけども、見かけ以上に難しい点がいくつかあります。そこに引っかからないようにしてください。まず、問一の漢字の問題からやっていきましょう。

問一 傍線部ア〜オのカタカナを漢字に改めよ（楷書で正確に書くこと）。

この漢字の問題は決して難易度の高いものではありません。でも、おそらく、皆さん、かなり間違ったのではないでしょうか。

アの「ホンリュウ」ですが、「ホン」を「本」と書いていませんか。この場合は、ほとばしって流れ出すわけですから、「本」ではなくて、ほとばしるという意味の「奔」です。このように**文脈からしっかりと意味をつかまえないと、同音異義語に引っかかってしまいます**。「奔流」が正解。

次は**イ**。「ビフクと毛皮はすべてを隠す」。このビフクとは、その前にある粗末な服と対立関係になっています。ですから、これは、美しい服のことです。「美」や「服」を書けない受験生はほとんどいないので、**これは漢字の問題というよりも、しっかりと論理を押さえて答えたかどうかという問題ですね**。

ウは「テキハツ」です。悪事を見つけて公表することですね。「テキ」は指摘するの「摘」、「ハツ」は、発表の「発」です。

エの「リョシュウ」については、この熟語自体を知らない人もいると思いますけれども、こういう場合は単漢字の意味を考えればよいのです。「リョ」は、捕虜になったわけですから、捕虜の「虜」、「シュウ」は囚人の「囚」。そこから「虜囚」っていう漢字がわかると思います。

最後の**オ**。これはほとんどの人が間違ったのではないかと思います。権力の「ショウチョウ」といえば、シンボルの意味の「象徴」を答えにしたのではありませんか。でも、ここではそうではないのです。前を見ると、「**誰が敗れ、誰が勝ち、誰が来り、誰が去るか**」とありますね。**この部分と「権力のショウチョウ」は同じ意味、言い換えです**。つまり、誰が栄えて誰が消えるかをながめて暮らそうと言っているわけです。だから、権力のシンボルじゃおかしいですよね。ここでの「ショウチョウ」は消えるという字と長いという字。これで「消長」です。

では、内容に入っていきましょう。文章の要点をつかまえるためには、具体と抽象を意識することでしたね。そこに気をつけて読んでいきます。

リヤ王変身の物語

『リヤ王』は、一六世紀末一七世紀初めのイギリスの役者シェークスピア（一五六四〜一六一六年）の作った名高い芝居の一つである。その話のすじは、複雑であるから、その主題（あるいは「メッセージ」）も、さまざまに解釈することができる。可能な解釈のなかの一つは、この芝居を1リヤ王の変身の物語とする見方である。

まず、冒頭付近にいきなり筆者の主張があります。何かというと、傍線部1「リヤ王の変身の物語とする見方」。つまり、**筆者は、シェークスピアの『リヤ王』という芝居をリヤ王の変身の物語とする見方があると言っている**のです。ということは、以下の文章でこのことについて、筆者は論証していきます。そこで、具体的にリヤ王がどのように変身するのかを読み取っていけばよいのですね。

●●●「抽象→具体」の論理パターン●●●

> 老いたリヤ王が三人の娘の上の二人に領国を分ち与え、末の娘との縁を切る。これは上の二人が巧みに諂い、末娘が媚ることをきらったからである。すなわち主人公の愚行から話がはじまる。「聡明になるまでは老いるべきでなかった」と王に附き添う道化師がいうのは、そのことである[2]（第一幕第五場）。

5行目、「老いたリヤ王が三人の娘の」からが具体です。「老いたリヤ王が三人の娘の上の二人に領国を分ち与え、末の娘との縁を切る。これは上の二人が巧みに諂い、末娘が媚ることをきらったからである」。こう書いてありますね。

王が年を取れば跡継ぎ問題が起こる。そこに娘が三人いる。領国を分け与えてもらいたいと思う上の二人の娘はリヤ王にこびへつらいます。これに対して、そういう欲のない末娘だけは、こびることをしなかった。そのことを、『すなわち』の次で抽象化しています。チェックしましょう。「主人公の愚行」とあります。リヤ王が領国を上の二人の娘に分け与えたことを、**主人公の愚行とまとめています**よね。

次の「『聡明になるまでは老いるべきでなかった』と王に附き添う道化師がいうのは、そのことで[2]

ある」。ここに傍線部2があるので、先に解いておきましょう。

問二 傍線部2の「そのこと」とはどういうことか、答えよ。

これはさほど難しくありません。「そのこと」は何を指しているかといったら、その前の「主人公の愚行」です。そこで主人公の愚行をもう少しきちんというと、主人公とは老いたリヤ王のことなので、「老いたリヤ王が愚行を演じたこと」。これを答えとしておきましょう。指示語の問題で、「どういうことか」と聞かれたら、文末を「〜こと」で終わるようにします。

皆さんの中には、「老いたリヤ王が上の二人の娘に領国を分け与え、末娘と縁を切ったこと」のような答えを書いた人も多いと思います。しかし、これはあくまでも指示語の問題で、指示語は直前のものを指します。上の娘に領国を与えたことや、末娘と縁を切った行為を「主人公の愚行」とまとめて、その「主人公の愚行」を「そのこと」としています。ですから、**あくまで直前の「主人公の愚行」を指すと考えなければいけない**のです。仮に設問が、「どういうことか具体的に説明せよ」とあれば、主人公の愚行を具体的に説明しなければダメなので、答えは「上の二人の娘に領地を分け与え、末娘と縁を切ったこと」となるのです。でも、ここでは具体的とか説明せよとは書いていません。ならば、指示内容を指摘する問題と考えた方がよいと思います。

さあ、次にいきましょう。

［A］それぞれ領国の半分を得た娘は、身を寄せた王を手ひどく扱う。その「忘恩」に対してリヤ王は、激怒し、激怒は、滔々たる罵詈と呪いの言葉のホンリュウ（ア）として表現される。それを聞いて、または読んで、私が感心するのは、英語には悪口のための語彙が実に豊富であったということ、一六世紀末一七世紀初めのイギリスの社会が露骨な性的表現にはなはだ寛大であったということである（それが寛大でなくなったのは、ヴィクトリア朝以来のことで、その習慣が戦後のある時期までつづいた）。いずれにしても、怒り狂う人物は、世の中を観察しない。冷静な観察にもとづき、気の利いた言葉を吐くのは道化師である。

冒頭に空欄Aがあります。そこで、問二を解くことにしましょう。

問二　空欄A～Eに入る最も適当なものを次の語群の中からそれぞれ選べ。ただし、同じ語を二度選んではいけない。

と同時に　そこで　しかるに　すなわち　たとえば

それぞれの領国の半分を得た娘は、身を寄せた王を手ひどく扱うのですね。**この空欄Aから論理の流れがひっくり返ったことがわかりますか？ 接続語は文と文との論理的な関係を表します。**空欄Aの前で、王は上の二人の娘に領国を分かち与えたのでしたよね。当然、領国を与えたのだから、感謝されて親切にしてもらえるだろうというのが自然な流れです。ところが、上の娘たちは王のことを手ひどく扱うようになりました。ということは逆接です。『しかるに』が答え。「しかるに」は、「それにもかかわらず」「それなのに」という意味ですね。

「抽象→具体」の論理パターン

「その『忘恩』に対してリヤ王は、激怒し、激怒は、滔々たる罵詈と呪いの言葉の奔流として表現される」。この次から、括弧に入れて読んでください。どこまでかというと、14行目「いずれにしても」の直前までです。**なぜ括弧に入れたのか、わかりますね。挿入箇所だからです。**

今、筆者はリヤ王の変身の物語について述べているのですが、括弧に入れた部分には、英語には悪口の語彙が実に豊富であることなどが書いてあります。これは、リヤ王の変身の物語とは何の関係もありません。脇道にそれたのですよね。だから、ここを括弧に入れた方が論理を追いやすくなるのです。

括弧に入れた後を見ると、「いずれにしても、怒り狂う人物は」と、話を元に戻しています。「怒り狂う人物は、世の中を観察しない。冷静な観察にもとづき、気の利いた言葉を吐くのは道化師である」。では先を読みましょう。

激情の人リヤ王

> B 芝居のリヤ王は、まず 行動の人 としてあらわれ、次に 激情の人 としてあらわれる。そのいずれの段階でも、観察（と理解）の人は、王ではなくて、道化師である。ところが、第三段階に到ると、二人の娘に追い出され、従う者少く、荒野に彷う王は、全く無力であり、絶望し（すなわち激情さえもおこらず）、ほとんど 狂気の状態 となる。 C 、道化師に代って、 権力と社会の鋭い観察者 （理解者）となる。まさに登場人物の一人がいうとおり、「狂気のなかの正気」（第四幕第六場）である。

空欄Bの後、線を引きましょう。芝居のリヤ王は、まず行動の人としてあらわれ、次に激情の人としてあらわれる。なぜ線を引いたかわかりますか？　筆者が言いたいことは、『リヤ王』という芝居は、リヤ王の変身の物語だということでした。では、どのように変身するのかということを、ここでまとめたのですね。具体から抽象です。ということは、こびへつらう上の二人の娘に領国を与え、末娘との縁を切ったときのリヤ王は行動の人なのですね。「行動の人」を囲みましょう。そして、二人の娘の忘恩に対して激怒する。これが激情の人です。「激情の人」も囲んでおきましょう。

さて、空欄Bはもう答えが出ていますね。その前の具体的な話をまとめているわけでしょう。具体から抽象ということは、『すなわち』が答え。このように、接続語はすべて、前後の文の論理的関係で入れることができますよ。

読解のルール
具体→抽象という論理展開に着目せよ！

第三段階の変身

次です。「第三段階に到ると」、とあるので、これまでが第一段階と第二段階だったわけです。それが「行動の人」と「激情の人」ですね。その後の第三段階では、「絶望し（すなわち激情さえもおこらず）、ほとんど狂気の状態となる」。「狂気の状態」、これも囲んでおきましょう。

空欄Cの後、「道化師に代って、権力と社会の鋭い観察者（理解者）となる」とあります。「道化師に代って」に線を引いて、「権力と社会の鋭い観察者」を囲んでおきましょう。

つまり、狂気の状態で観察者となるのですよね。それを「狂気のなかの正気」と書いています。ということは、空欄Cはわかりますよね。直前の狂気の状態と、直後の権力と社会の鋭い観察者（正気）が同時に起こるのですから、『と同時に』が答え。

観察者としてのリヤ王

[D] リヤ王は、何をいうだろうか。たとえば乞食に吠える犬について、「いかなる権威であろうと権威に服するのが犬である」という（第四幕第六場）。その後三百余年、ポール・ニザンが「番犬」について語ったのは、つまるところ同じ事である。また、「粗末な服を透しては小さな罪も眼にみえる、ビフク（イ）と毛皮はすべてを隠す」というのも（第四幕第六場）、その後三百余年、汚職は大きければ大きいほどテキハツ（ウ）され難いという今日の事情に呼応する。[E] 一九七四年のアメリカで、元大統領は赦に浴し、協力した顧問たちが罪を着る（七五年判決）ようなものである。

次は空欄Ｄです。残った選択肢は「そこで」と「たとえば」。「そこで」を入れると、「そこでリヤ王は、何をいうだろうか」。狂気の中の正気となって、リヤ王は何を言うんだろうか、と、順接の「そこで」がうまく入ります。もし、空欄Ｄに「たとえば」を入れるとどうなるでしょう。直後の文にも「たとえば」があるので、「たとえばのたとえば」になって、おかしいですよね。ということで、空欄Ｄは『そこで』しかありません。

では、リヤ王の言う「たとえば」はどんなことか。「乞食に吠える犬について、『いかなる権威であろうと権威に服するのが犬である』」。こう言っていますね。あるいは「粗末な服を透しては小さな罪も眼にみえる、美服と毛皮はすべてを隠す」。こうも言っていますね。

犬というのは主人を選びませんよね。どんな立派な主人でも、あるいは悪人でも、飼い主に対ししっぽを振るのが犬でしょう。すなわち、権力に対してしっぽを振るのです。人間は、そういった犬と同じだとリヤ王は言います。また、粗末な服を着た人は、ちょっとした罪を犯しても捕まってしまうのだと。例えば、貧しくてお金のない人がおなかを空かせて、ちょっと食べ物をくすねたとしても捕まってしまう。だけど、政治家が何億というお金をうまく得たところで、まず捕まることはない。こう言っているのですね。これは今の世の中にもあてはまることではないでしょうか。

そして、「美服と毛皮はすべてを隠す」ことの具体例が、空欄Ｅの後の「一九七四年のアメリカで」以降ですよね。ということは後に具体例がきているから、空欄Ｅは例示の『たとえば』が答えです。

では、最後まで読んでしまいましょう。

そういうことの全体が、観察者となったリヤ王にとっては、「道化師（ばか者）の大舞台」にすぎない（第四幕第六場）。一度は末娘に救われ、やがて彼女と共に上の娘二人の軍勢のリョシュウとなった彼は、二人に会いに行こうかという末娘の言葉に、「いや、いや、牢獄へ行こう、行って籠の鳥のようにわれわれだけの歌を唱おう」とこたえる。「牢獄の壁のなかで」「誰が敗れ、誰が勝ち、誰が来り、誰が去るか」、権力のショウチョウをながめて暮そうというのである（第五幕第二場）。この時のリヤ王は、ほとんど歴史家に近い。

リヤ王の正気は、狂気のなかにあらわれる。歴史と社会の観察者は、歴史への参画と社会的行動の終った後に成立する。認識の主体は、同時に行動の主体ではあり得ないということなのか――。問題はあらゆる水準で常に提出されていて、しかも一時的な解答を見出し難いから、シェークスピアはこの芝居を作ったのかもしれない。

さて、リヤ王は自分を助けてくれた末の娘とともに上の二人の娘の軍勢の虜囚となってしまいます。「二人に会いに行こうか」という末娘の言葉に、彼は「いや、いや、牢獄へ行こう」と言って、さらに「籠の鳥のようにわれわれだけの歌を唱おう」「牢獄の壁のなかで」「『誰が敗れ、誰が勝ち、誰が来り、誰が去るか』、権力の消長をながめて暮そう」と言うのですね。36行目、このとき、「リヤ王の正気は、狂気のなかにあらわれる」と書いてあります。

では、「リヤ王」という芝居は、リヤ王の変身の物語であるということが筆者の主張・要点だとすれば、具体的にどう変身したのか。

19行目に第三段階という言葉がありましたよね。第一段階が行動の人、第二段階が激情の人、そして第三段階が狂気のなかの正気でした。狂気の状態で、権力と社会の鋭い観察者となったのです。この第三段階が、ちょうど空欄Cの後ですけれども、そこからまた長い文章があります。ということは、第四段階があるのか、あるいはこのまま最後まで第三段階の話なのか。ここをしっかりと読み取らないと、問六の要約問題を解くことはできません。リヤ王の変身の物語がこの文章の要点・主張だとすれば、どのように変身したかという問六の問題は、当然のものともいえますよね。

●●● 第四段階の変身はあるのか ●●●

そこで空欄Cの後を見ると、「道化師に代って、権力と社会の鋭い観察者」、まさに「狂気のなかの正気」とある。で、その続きの23行目「たとえば」の後に具体例がくるのですね。次に、この具体例を傍線部3のある「リヤ王の正気は、狂気のなかにあらわれる」とまとめています。空欄Cの後には「狂気のなかの正気」とあるから、これはイコールの関係です。

つまり、21行目に「狂気のなかの正気」とあり、23行目「たとえば」から35行目までが具体例、そして、36行目「リヤ王の正気は、狂気のなかにあらわれる」と、もう一度同じことを言ってまとめているのです。これで、第四段階はなく、ここから先は最後まで、第三段階「狂気のなかの正気」を説明した文章だということがわかります。

傍線部3の後には、こう書いてあります。「歴史と社会の観察者は、歴史への参画と社会的行動の終った後に成立する。認識の主体は……」と、ここだけ読んだらよくわからないですね。非常に難しい評論用語を使っています。しかし、一つわかることは何かというと、傍線部3の後は、リヤ王の物語からもっと抽象化されたものだということですよね。傍線部3の後は、リヤ王の変身の物語ではなくて、一般論です。そこも押さえておきましょう。

さて、ここまで論理を捉えたら、あとの設問は難しくないと思います。

問五　傍線部3「リヤ王の正気」とは、リヤ王がどのようになったことを言うのか答えよ。

とりあえず、問四をとばして、問五を解いていきます。

リヤ王の正気とは、リヤ王がどのようになったことをいうのかというと、20行目「狂気の状態」と同時に、「権力と社会の鋭い観察者」とあります。これが「狂気のなかの正気」。そして、これは傍線部3「リヤ王の正気は、狂気のなかにあらわれる」とイコールですね。ただ、聞かれているのは、『正気』とは、リヤ王がどのようになったこと」かです。であれば、狂気の状態はいりませんね。正気とはどうなったことかというと、権力と社会の鋭い観察者となったことです。答えは「リヤ王が権力と社会の鋭い観察者となったこと」。このように論理を追っていけば、自然と答えが出てきます。

ただ、傍線部3のすぐ直後、「歴史と社会の観察者」を答えにした人も多いと思います。近いから探しやすいですよね。でも、これがダメなのはわかりますか。設問は、リヤ王がどうなったのかを聞いているのに対して、傍線部3の直後は、もうリヤ王の話ではなくて、一般論でした。あくまで設問は、リヤ王がどうなったのかと聞いているわけですから、これは似ているようでもダメなのです。

こうやって練習を重ねていくことで、試験本番になっても、落ち着いて「これは間違いなく解けたな」とわかってきます。すると、精神的にも安定し、集中して問題を解くことができます。この感覚を身に付けたなら、選択肢だろうが記述式だろうが確実に解けるようになり、安定して偏差値70以上を狙えるようになります。それが本当の力です。

リヤ王がなぜ愚行を演じたのか

さて、この文章ですが、これだけを読んで単に言葉だけ頭に入れても、なんてことのない面白くない話だし、あるいは、なぜ筆者がこんなことにこだわるのか、よくわからないという人もいると思います。

しかし、文章を本当にわかるっていうのは、実感することなのです。まず、リヤ王の変身の第一段階、これは行動の人でしたね。例えば、老いたリヤ王がこびへつらう娘に対して、その真意を見抜けずに、領国を与えてしまうなんて愚かだと、自分の感覚だと、思うのではないでしょうか。でも、リヤ王の気持ちになってみたらどうでしょう。リヤ王は、子どものときは王子、将来、王様になるものとして育てられて、そして王になったのです。ということは、面と向かってリヤ王に意見する人なんて誰もいないのですよ。みんな、王の前では取り繕う。あるいは、王を褒める言葉しか言わない。リヤ王は一般の社会で暮らした経験なんて全くないわけですから、それを当然のごとく受け止めますよね。だから、逆にいうと人を疑うことがなかったのです。

上の二人の娘が自分のことをちやほやしたので、本当に自分のことを愛してくれていると思ったのです。だから、歳をとって、その二人に領国を与えれば大丈夫、自分が身を寄せても大切に扱ってくれるだろうと信じてしまったのです。そして、その二人に比べて、こびへつらうことのない末娘と縁を切ったわけです。これが行動の人ですね。

その後どうしたのかというと、上二人の娘に手ひどく扱われて、荒野をさまよいます。そのとき激怒し、まさに激情の人となったのです。なぜ激怒したのかわかりますか。まさか、娘たちが自分にひどい扱いをするなんて、夢にも思っていなかったからです。当然、自分のことを愛しているから、ちやほやしてくれたのだろうし、領国を分け与えたことに感謝して、もっと自分を大切に扱ってくれるものだと疑うことなく信じ込んでいたのでした。ところが、そうではありませんでした。その瞬間、本当に天と地がひっくり返るような思いで激怒したということは容易に想像できますよね。

●●● 激情の果てに観察者となる ●●●

どれだけ怒っても、上の二人の娘は態度を変えることはないし、自分は無一文で荒野をさまよっている。これまでは王様ということで、みんなからちやほやされて賛美の声しか聞いていなかったのに、乞食同然となったリヤ王には、誰一人優しい声をかけるものはいない。そのとき、リヤ王は言ったのです。「みんな犬だった」と。主人がどんな人間であってもしっぽを振る。人間とはそういうものので、自分が王のときにみんなが大事にしてくれたのは、自分のことを愛してくれたからではなく、王という権力にしっぽを振っていただけなんだ。自分が権力を失ったとたん、誰もしっぽなんて振ってくれないんだと。

ここで、初めて冷静に権力と社会を観察するようになったのです。これが「権力と社会の鋭い観察者」ですね。このときに人間が変わったのですよ。だから、捕虜として捕らえられたとき、末娘が、お姉さんに会いに行ったら何とかしてくれるかもしれないと言っても、「いや、もういい」と答えたのです。権力なんてつまらない、自分は牢獄で静かに権力の消長をながめて暮らそう、と。「ながめて暮らす」のですから、観察者ですね。

読解のルール

内容を実感できたとき、真の読解力がつく。

要約問題の解法

問六 傍線部1「リヤ王の変身の物語とする見方」によれば、リヤ王はどう変身していくのか、七十字以内で答えよ。

さて問六ですが、どう変身していくのかを答えるのですよね。こういう記述式問題には、必ず採点基準が設けられています。同じ答案なのに採点者によって得点が異なるなんてことは、あってはならないですから、採点基準を設けて、それにしたがって点数を付けていきます。これについては、後で解説しましょう。

では、どう変身していくのかというと、三段階に変身するのでした。「はじめが行動の人、次に激情の人となり、最後に狂気の中で権力と社会の観察者となった、このように変身していく」ということです。ですから、これを字数以内に説明すればいい。

では、どのように説明すればいいのか。**「最初は行動の人、次に激情の人となって」と書いても、これだけだとよくわかりませんね。第三段階の「狂気のなかで権力と社会の観察者へと変身する」は、説明がなくてもわかります。そこで、字数以内に簡単な説明を加えましょう。**行動の人とは何かというと、「娘に対して愚行を演ずる行動の人」です。次は「激情の人」。これは「忘恩に激怒する激情の人」。そして最後は、狂気の状態の中で、権力と社会の鋭い観察者へと変身する。これをまとめればよいのです。

答えは「まず娘に対し愚行を演ずる行動の人となり、次に忘恩に激怒する激情の人となって、最後は狂気の状態の中で権力と社会の鋭い観察者へと変身する。」（67文字）

文中の言葉をなぜ使うべきか

さて、このように解説すると、「行動の人とか激情の人という文中の言葉を使わないでも、同じ内容のことが書いてあればいいんじゃないですか」っていう質問をされることがあります。しかし、残念ながら正解にはならないと思います。バツになるのか三角になるのかはわかりませんが。

結論をいうと、文中の言葉が利用できるようであれば、利用してください。今回の場合は、「行動の人」、「激情の人」という言葉を使いましょう。なぜなら、一つには、そこに部分点が設けられるからです。二つには、これを使わないと答案を作ることができないからですね。

「リヤ王は三段階に変身する。第一段階では具体的にこうして……。」と書いても、なんの説明にもなっていません。そうではなく、人間性そのものが、がらっと変わったことを書かなくちゃいけないのです。つまり、最初は、ちやほやする上二人の娘の本心を全く見ぬけず、ただ言われることをそのまま真に受けて領国を分け与え、末の娘との縁を切るわけでしょう。リヤ王はそういう人間だった、それを筆者は「行動の人」と名付けたのですよ。だから、「行動の人」という言葉を使わずに、このことを字数以内で説明するなんて不可能です。具体的にどのような行動をとったかを説明するのではなく、リヤ王はどう変身したかっていうことを書くのだから、人間性が三回変わったということを書かないとダメですよ。

一つ目が行動の人。二つ目は、娘が裏切るなんて夢にも思ってなかったから激怒したリヤ王は、「行動の人」と全く違う人格になったのです。それを筆者は「激情の人」と名づけました。そして次に、どれだけ怒ってもどうしようもない、気づいたら誰も相手にしてくれず、乞食同然に荒野をさまようしかない。初めて、権力とは何か、社会とは何かということがわかった。そこで「観察者」となったというわけです。

だから、この文中の言葉を使わないと、リヤ王がどう変身したかを説明することができないのです。文中の言葉を利用できるときは利用する方が、はるかに解答しやすく、高得点が狙えます。

読解のルール

要点となる「文中の言葉」をチェックせよ。

問四 以下にある①・②の文は、それぞれカッコ付きで本文の中にあったものである。どこに入るのかを考えて、その直前の五字を書け（句読点を除く）。

① （すなわち行動の可能性を失い）

② （日本語にくらべれば今でも豊富である）

最後は問四です。あえてこれを最後にしたのには理由があります。欠落文の挿入ですが、この問題には、例えば「第三段落中のどこかに入る」などという、場所を指定する条件がありません。つまり、文章全体から探さなければならない。そういった意味では、たまたまうまく見つかったり、なかなか見つからなかったり、運の要素が入ってくるのですね。見つけるのは、結構大変ですし、あるいは見つかっても、多くの時間をロスする可能性があるので、時間配分を考えて慎重にやりましょう。

ただし、運の要素が入ってくるとはいえ、やはり、ある程度あたりをつけて探した方がよいです。だから、他の問題を先に全部解いて、文章全体を読んでおくことで、あたりをつけやすくしておきます。そういった意味でも、これは後に回した方が得策だと思います。

まず①です。（すなわち行動の可能性を失い）。「すなわち」をチェックしましょう。すなわちは言い換えですよね。ということは、どの言葉を言い換えたのかを探せばいいのだけど、本文全体を探そうと思うとつらいですよね。それで、ちょっと注意してみると、20行目(すなわち激情さえもおこらず)と同じ言い方がありますよね。ここの（すなわち激情さえもおこらず）と、①（すなわち行動の可能性を失い）は形式が同じです。これは大きなヒントです。

そこで、この（すなわち激情さえもおこらず）の『すなわち』は何かと見ると、その前の「絶望」ですよね。つまり「絶望」＝「激情さえもおこらない」と言い換えていますね。

ということは、その前の「全く無力であり」はどうでしょう。（すなわち激情さえもおこらず）が「絶望」の言い換えであると考えれば、「無力」にも同じように言い換えの言葉が必要ですよね。そこに、①（すなわち行動の可能性を失い）を当てはめると、ぴったりきます。「無力」＝「行動の可能性を失い」です。

では、どこに入れるとよいのか。「無力」の後なのか、「無力で」の後なのか、「無力であり」の後なのか。ここも慎重に考えましょう。その直後の（すなわち激情さえもおこらず）は「絶望し」の後に入っていますね。読点の直前に入っています。ですから、こちらも同じように、「無力であり」の後に入れます。「全く無力であり（すなわち行動の可能性を失い）、絶望し（すなわち激情さえもおこらず）」と、括弧を付ける役割も果たしていますよね。答えは、『無力であり』となります。

続いて②です。（日本語にくらべれば今でも豊富である）。これも括弧付きですよね。括弧付きというところが大事です。これも探すとなると、なかなか見つからない難しい問題ですが、気づくことはありませんか。「日本語にくらべれば今でも豊富である」って、リヤ王の変身の物語と関係ありません。であれば、「英語には悪口のための語彙が実に豊富である」っていう箇所が怪しいですよね。該当箇所を見てみましょう。

11行目「それを聞いて、または読んで、私が感心するのは」からがリヤ王の変身と関係のない挿入箇所で、次に「英語には悪口のための語彙が実に豊富であった」とあります。「あ！」と思いますよね。欠落文は（日本語にくらべれば今でも豊富である）です。「語彙が実に豊富であった」の後に（日本語にくらべれば今でも豊富である）がうまく当てはまりますね。

ではここでも、どこに入れるのかを慎重に考えましょう。せっかく場所がわかったのに、ここで点を落としたら非常にもったいないですよ。そうすると、「今でも豊富である」に対して、「実に豊富であった」がありますね。「豊富であった」は、過去形でシェイクスピアの時代のことです。「豊富である」と「豊富であった」がうまく対応しているので、「実に豊富であった」の直後に入れましょう。答えは「富であった」。

このように記述式問題というのは特別な問題を解くわけではなく、しっかりと論理を追っていけばおのずと答えが出てくるものなのです。また、問六でわかったように、文中の言葉を使うか使わないかというと、文中の言葉を使える場合は、必ず文中の言葉を使って解答を作成すること。これを忘れないようにしてください。

解答

問一　ア　奔流　イ　美服　ウ　摘発　エ　虜囚

オ　消長（各2点）

問二　A　しかるに　B　すなわち　C　と同時に　D　そこで

E　たとえば（各2点）

問三　老いたリヤ王が愚行を演じたこと。（4点）

問四　①　無力であり　②　富であった（各5点）

問五　権力と社会の鋭い観察者となったこと。（6点）

問六　まず娘に対し愚行を演ずる行動の人となり、次に忘恩に激怒する激情の人となって、最後は狂気の状態の中で権力と社会の鋭い観察者へと変身する。（67字）（「行動の人」…3点、「激情の人」…3点、「狂気の状態」…1点、「権力と社会の観察者」…3点／10点）

第5講

『判断停止の快感』

大西赤人

●目標得点 30点

問題 ▶ P.34

本講のねらい

記述式問題の中でもとくに難解な、説明問題の解法を解説します。ポイントを数え上げ、どのように記述解答を作成するのか。さらには現代を認識するための重要な鍵を理解しましょう。

文章の論理構造を意識して読む

本書の最後の講義で、これも記述式の問題です。

現代文の評論で取り上げられる文章は、どれも現代の社会や現代に生きる人間を語ったもので、語り口や切り口が異なっていても、語られるものは同じです。そういった意味では、一つ一つの評論の内容を深く理解するということは、十題の問題を解けば十の角度から現代を認識したことになるのです。こうして現代について深く捉えることができたなら、小論文を書くときや、英語の論説文を読むときにも役に立ちます。今回の問題も、現代を語る上で非常に示唆に富んだ文章だと思います。

本文に入る前に、少し文章の読み方について話しておきましょう。今回のような評論文を読むとき、文章の論理構造を意識して読んでいるでしょうか？

冒頭、筆者の主張（A）から始まるのか、それとも具体例（´A）から始まるのか、どちらなのか意識しましょう。今回の文章は具体例から入っています。まずはわかりやすい例から入っていったのですね。こういうときは一気に読んでいきましょう。何でも精読といってゆっくり読む人、逆に何でも速く読む人は、論理を追って読むことができていない証拠なのです。このような読み方では、先を予測できませんよ。

もしも冒頭に筆者の主張（A）がくれば、そこはじっくりと線を引きながら内容を押さえる。当然、次にはその証拠となるような具体例（´A）がくるから、それは飾りに過ぎないので速く読めばいい。あるいは今回の文章のように具体例から始まっている場合は、一気に読んでいく。そして、どこかで筆者の主張がくるはずだから、そこはしっかりと読む。このように、ゆっくり読んで線を引いて押さえる部分と、飾りだから速く読んでしまう部分とを見分けることが大事です。このあたりの文章を読む呼吸みたいなものが身に付くと、かなり論理力が養成されてきたのだなと判断できます。

では、本文を見ていきましょう。

読解のルール

対比論理を追うことで、読み方に緩急をつけよ！

具体例（A´）→主張（A）の論理パターンを読み取る

書店に入り、平積みにされている本や雑誌を買う時、一番上の一冊は、多くの人が手に取ったため表紙が折れたり少し破れたりしていることがあるので、二冊目を引き出す――これは平凡な行為だろう。しかし、何十冊も積まれた週刊誌を上から下まで丹念にチェックして、自分の買う「きれい」な一冊を選び出す――こうなると少々不気味にさえ思われるが、そんな若者も現代では珍しくないらしい。

そこには、キズや汚れに対する過敏なほどの嫌悪・「きれい」な物への強い執着が感じられる。最近のテレビ・コマーシャルを見ていると、〝殺菌〟〝除菌〟〝消臭〟などと冠した商品が増えているようで、これもまた、「きれい」な物を求める人心の反映に違いない。

「きれい」という言葉には、概ね二通りの意味がある。「きれい」を漢字で書けば〝綺麗〟または〝奇麗〟だが、〝綺〟は綾織物を指し、原義としては、綾織物のように美しいということらしい。字面からの推測に過ぎないけれども、元来の「きれい」は、仮に英語に置き換えれば「ビューティフル」――見る者の眼に色彩が飛び込むような華やかで鮮やかな様子――を主に表現していたのではないだろうか。

ところが近年の傾向を見ると、もう一つの意味――清潔で汚れがなくサッパリとした有り様――即ち「クリーン」を指し示すことのほうが格段に多い。例えば「きれいな政治」「きれいな日本語」「きれいな街」――いずれも、色とりどりの派手やかさではなく、感覚的・観念的な清潔さを打ち出している。

では、この「クリーン」――「清潔」とは一体何なのか？　衛生的な有り様、バイ菌や害虫が居ない有り様、健康・健全な有り様。しかし、先に挙げたような例の場合「衛生的な政治」とか「バイ菌の居ない日本語」では違和感がある。「清潔」の意味するところをもっと一般化するならば、それは夾雑物・不純物の無い状態のことだろう。そして、この夾雑物・不純物とは、別の言い方をすれば「きたない」物である。汚職、汚い言葉、汚いゴミ……押しなべて、その主体を毀損する存在として位置づけられる。

現代は〝清潔願望〟の時代と聞く。「清潔」が大変重要な価値観となりはじめている。

冒頭は書店の具体例から入っています。本を買うときに、平積みになった上から順番に取ればいいのに、そうはしない。上の方は誰かが触って折れたり破れたりしているかもしれないからです。それどころか、何十冊も積まれた中から、上から下まで丹念にチェックして一冊を選び出す若者が少なくないという例です。さらにはコマーシャルを見てもそうですよね。殺菌、除菌、消臭などを冠した商品が非常に多い。

では、この先、筆者の主張がどこにくるのかということですけども、筆者の主張がくるのは24行目「現代は〝清潔願望〟の時代と聞く」、ここです。線を引いておきましょう。この文章は、ここまで一気に読んだほうがいい。つまり、現代は清潔願望の時代だということを言いたいのです。

これが具体例(A)から主張(A)という論理パターンですね。主張を述べるために、最初に読者が「なるほど」と思うような具体例をたくさん挙げておくのです。すると、その後に清潔願望の時代だと言われると、読者は「本当にそうだね」となり、説得力を持たせることができます。

さて、ここまでの中でちょっと押さえてほしいのが9行目、「『きれい』という言葉には、概ね二通りの意味がある」という文です。「きれい」には、ビューティフルとクリーンがあると言っています。ビューティフルというのは色鮮やかな美しさでしょう。そして、華やかな美しさに対してクリーンは清潔ですね。

そして、近年の「きれい」はビューティフルではなくクリーンの方であり、筆者が言いたいのは、現代はクリーンな清潔願望の時代であるということですよね。さらに「清潔とは何か」の定義もあるので、ここも押さえておきましょう。20行目「『清潔』の意味するところをもっと一般化するならば、それは夾雑物・不純物の無い状態のことだろう」。ここも線を引いておきますよ。**つまり清潔とは、混じった物とか不純な物がない状態ですね。**だから殺菌とか除菌とか消臭とかで、夾雑物、不純物を取り除くと気持ちがよくてさっぱりする。現代はこういった感覚を持つ人が多い時代だということですね。

読解のルール

A´から入った文章は、A（筆者の主張）を探しながら読め。

設問条件に応じた解答を書く

問一 傍線部1「その主体を毀損する」とはどのようなことか。本文に即して具体的な例を挙げて説明せよ。

では、ここで問一を解いておきましょう。設問には「本文に即して具体的な例を挙げ」とあります。

「本文に即して」と「具体的な例」の二つの条件をしっかり押さえること。

傍線部1「その主体を毀損する」の「毀損」というのは、壊すということですよね。何を壊すかというと、その主体。では、その主体とは一体何かってことがポイントになります。そこで、まずはこの傍線部1の主語が何かをつかまえましょう。主語はその前にある夾雑物、不純物ですよ。つまり、**夾雑物、不純物が主体を壊してしまうということ**です。これを、具体的な例を挙げて説明すればいいのですね。本文に即した具体例なので、それを探しましょう。すると傍線部1の直前に「汚職、汚い言葉、汚いゴミ」があります。だから、これを使って書けばいいですね。

例えば汚職。これが夾雑物、不純物です。それでは、**その主体とは何かというと、夾雑物、不純物が属している主体、つまり会社や政党などの組織**ですよね。ですから、「たった一人が汚職をしたためにその組織全体が信用を失ってしまう」。これが主体を毀損するということですよね。つまり、その主体が壊れてしまう。

他の具体例も考えてみましょうか。「汚い言葉」だったら、例えば「身なりはきちんとしているのに、汚い言葉づかいをしてしまったために、その人の人格そのものが疑われてしまう」「汚いゴミ」なら「非常にオシャレな部屋なのに、汚いゴミが少し落ちていたために部屋全体の美しさが損なわれる」。あるいは「不潔な感じがしてしまう」でもいいでしょう。このようなことが書けていればすべて正解です。

まず、夾雑物、不純物の具体例を押さえます。さらに、その主体である夾雑物や不純物を含む全体の具体例を考えます。そして、毀損っていうのは壊すこと、ダメになること、損なってしまうことでしたね。こういったところをしっかり書いたのかどうか、この辺りがポイントになります。

では次にいきましょう。

●●●清潔願望の正体とは●●●

「きたない・不潔」は最大級の侮蔑であり、人々は無色、無臭、ツルツル、サッパリ等々の「清潔」の代名詞に魅きつけられる。しかし、この「きれい（清潔）、きたない（不潔）」は、既に述べたごとく必ずしも衛生面に基づく判断ではない。顕微鏡で検査したらバイ菌が無数に居ようとも、外見が「清潔」でありさえすれば、多くの人々は満足する。

仮に、ヨレヨレの紙袋に入っているが実は完全無添加の菓子と、美しく包装されているが実は有害物質含有の菓子とが並んでいれば、過半の人間は前者を「きたない」と判定し、「きれい」な後者に手を伸ばすことだろう。冒頭に記した週刊誌をチェックする若者や、消臭スプレーを部屋に振り撒く奥さんにしても、結局は表面的な「きれい」さの幻想を追い求めているに過ぎない。

要するに、この「清潔」は、これまでに人類が様々な病害を抑えるために獲得しようと努めた実利的な「清潔」とは、相当に異なる性格のようだ。人類が地球の支配者然として文明を築く中で、そのセックスが生殖の本義よりも快楽の側面を増大させたのに似て、現代の〝清潔願望〟は、言ってみれば「快楽としての清潔」と化しているのかもしれない。人間にとって、「清潔」は本能的な快楽なのである。夾雑物・不純物の無い——異分子を排除した統一感・一体感。それは全き百（あるいはゼロ）なのだから、個別の判断を必要としない。あれは何、これは何、と神経を煩わすことなく、その場の状況をひたすら無批判に丸ごと受け容れ、浸っていればよろしい。

24行目に「現代は〝清潔願望〟の時代と聞く」とありました。現代は、まさにそういう時代ですよね。例えば、女性に好きな男性のタイプを聞いてみたら、清潔感のある人と答える人も多いんじゃないかと思います。では、清潔感のある人ってどんな人でしょう。A君とB君の全身を顕微鏡でくまなく観察して、どちらがバイ菌の数が少ないか、なんてことをして判断するわけじゃないですよね。要は清潔っぽく見えればいいのです。

また、29行目の具体例にあるように、ヨレヨレの紙袋に入っている完全無添加のお菓子と、美しく包装されている有害物質含有のお菓子だったら、当然、無添加の方がきれいなはずなのに、人々は美しく包装された方のお菓子をきれいだと思うのですね。だから、本当にきれいかどうかじゃなく、32行目「表面的な『きれい』さの幻想を追い求めている」のです。だから、清潔感のある人っていうのは本当に清潔なわけじゃなくって、表面的なきれいさの幻想にすぎないわけです。

では、なぜそんな幻想を追い求めるのか。36行目「現代の〝清潔願望〟は、言ってみれば『快楽としての清潔』と化している」。さらに次の行、「人間にとって、『清潔』は本能的な快楽なのである」。線を引いておきましょう。つまり、ここまで、**現代が清潔願望の時代だということをいろんな例を挙げて説明してきましたが、なぜ人々が清潔を追い求めるのかというと、それは本能的な快楽だからだというのですね。**快楽だから気持ちがいい、理屈抜きなのです。そして、39行目「個別の判断を必要としない」とあります。百かゼロかだから、判断しなくていい、つまり、自分で考えなくていい。さらに、40行目「その場の状況をひたすら無批判に丸ごと受け容れ、浸っていればよろしい」とある。楽ですよね。自分で考えなくていい、学ばなくていい、ただ、さっぱりしていて気持ちがいい。それでおしまいなわけです。

本能的な快楽の危険性

また、統一され一体化した多数の人間が、緊密に同じ行動を取ると、[2]厄介な均衡の美まで生まれる。たとえば軍隊の示威パレードは、古今東西、まずどこの国を取っても、多数の兵士が完全に同じ装備・姿勢・歩調・速度に準じて進むことだろうし、そこから幾らかの距離間隔を置いたところで、オリンピックや国体や高校野球の入場行進が行われ、またその延長線上で、丸坊主・制服姿の中学生たちが「前へならえ」の整列を実施する……。

言うまでもなく、そういう風景を見て、「機械のようだ」とか「個性が圧殺されている」と眉を顰める人々も少なからず居る。しかし、それは〝理〟の勝った反応——眼前の光景を一旦は受け止め、爽快な感覚を催しながら、その背後に想いを馳せ、改めて批判に取りかかった言葉——ではないだろうか？　少なくとも僕自身を省みると、[3]そんな嫌いがある。

42行目**「統一され一体化した多数の人間が、緊密に同じ行動を取ると、厄介な均衡の美まで生まれる」とあります。**この具体例が、軍隊の示威パレードあるいはオリンピックや国体の入場行進、さらに丸坊主で制服姿の学生が「前へならえ」をすることですね。オリンピックの入場行進は、今では選手がわりと自由に歩いていますけれども、以前は整列して行進していたんです。学生の坊主頭は、さすがに少なくなりましたが、制服は今でもほとんどの学校であるのではないでしょうか。運動会や体育祭なんかでは整列して行進することもあるかもしれませんね。

さて、筆者はこれを「厄介な均衡の美」と言っていますけれども、これはどういうことか。例えば、洗濯物がきれいに並べて干してあるとしましょう。その真ん中に一つだけ歪んだ洗濯物があったらどうでしょう。気持ち悪くないですか。その洗濯物を取り除きたくなりますよね。これは理屈抜きの感覚で、要は本能的な快楽に根差したものでしょう。

あるいは軍隊が同じ制服を着て、手足の動きを揃え一糸乱れないような行進をしますよね。あれを見ていると、気持ちよく感じます。なぜ軍隊が軍事パレードをやるのかといえば、それを見ている人が、思わず気持ちいい、かっこいいと思ってしまうからなのですね。そして、もしもその中で一人だけ歩調が合っていなければ、違和感を感じるでしょう。その人を排除したくなりますね。これは、理屈抜きの本能的な感覚なのです。

目の前で軍隊が行進しているのを見て、理屈抜きでかっこいいと感じるのは快楽だからです。しかし、「ちょっと待てよ」と。軍隊というのは戦争のためのものだから、これはよくないじゃないかと考える人もいます。本能では気持ちいいと思いながらも理性で考えているからです。これはやはり教育の力が大きいのだと思います。もしも教育がなければ、昔の軍国主義みたいに、みんなが気持ちいい、素晴らしいと思ってしまうでしょうね。

丸坊主もそうです。なぜ丸坊主にするのかというと、学生らしいからという答えが返ってくる。なぜ丸坊主が学生らしいのか、よくわからないですよね。あるいは校則、規則だから守るべきだという答えもある。しかし、その校則、規則が本当に必要で妥当なものかどうかということを考えることもなく、ただ規則だから守れというのであれは、一種の思考停止状態ですよね。しかし、学校や教師から見れば、みんなが丸坊主にしているのに、だれか一人だけ髪を伸ばしていると、思わず排除したくなる。こう考えてしまうとしたら、恐ろしいですね。

やはり清潔願望とは、ある種の本能的な快楽だということをしっかりと自覚して、それを理性でコントロールしていかないと、おかしな社会になってしまうのではないでしょうか。

ポイントを明確にして答えを作成する

問二 傍線部2に「厄介な均衡の美まで生まれる」とあるが、なぜここで「厄介な」という修飾語が用いられていると思うか。簡潔に述べよ。

では、問二を解いていきましょう。傍線部２「厄介な均衡の美まで生まれる」です。なぜ厄介なのかですよね。設問を見ると、「なぜここで『厄介な』という修飾語が用いられていると思うか」。この言い方、気をつけてくださいね。「思うか」ということは、本文に全部書いてあるわけじゃないのです。ただし、勝手に思ってはいけません。本文に書いてあることをもとに、その延長線上にあることを書きなさいっていうことなんです。

　ではなぜ厄介か、本文を見ていきましょう。傍線部2の前に「統一され一体化した多数の人間が、緊密に同じ行動を取ると」とあり、傍線部2の後に、軍隊の示威パレードの例があります。そして、これを見て「機械のようだ」「個性が圧殺されている」と眉を顰める人もいる、とありますね。ということは、なぜ厄介かというと、個性の圧殺、また、この言葉は本文にありませんが、画一化、あるいは全体主義的な思想が生まれやすいというようなことが考えられますよね。だから厄介なのです。これらがポイントです。

　実はもう一つ大事なポイントがあって、おそらくこれは多くの受験生が見落としているのではないかと思います。それは何か。確かに、均衡の美によって人々が無批判になって個性が圧殺される、あるいは画一化されて、極端にいうと全体主義的な風潮を生み出す。でもこれは何かというと、その前に書いてあるように本能的な快楽なのです。理屈抜きで気持ちがいいと。本能的な快楽に根差すものだから、食い止めることが難しい。だから厄介なのですね。

　ここまでのことをまとめるとポイントは三つです。個性の圧殺、あるいは無批判。そして、二つ目のポイントは「統一され一体化」とあることから、画一化されて全体主義的な風潮を生む可能性がある。三つ目は、これらは本能的な快楽に根差しているから食い止めることが困難である。理由を示すので、解答の文末は「ので」「から」「ため」などで終わるようにしてください。

「個性を圧殺したり、画一化につながったりする危険性があるのに、本能的な快楽に根ざしているため、食い止めることが困難だから。」を解答例としておきましょう。

言葉は意味だけでなく用例にも注意

問三　傍線部3の「嫌いがある」を使って、短文を作れ（三十五字以内）。ただし、その意味が的確に表れているような内容であること。

では傍線部3の問三を解いておきましょう。これは単に語彙の問題で、「嫌いがある」を使って短文を作るものですね。「嫌いがある」というのは、何々しがちである、何々の傾向があるということです。このような意味で使われた文であれば正解です。例えば、「彼は何事においても困難を避け、楽な方を選ぶ嫌いがある。」などですね。気をつけてもらいたいのが、「彼はいつも高得点を取る嫌いがある。」とは使わないことです。「嫌いがある」はよくない方向、好ましくない傾向のときに使います。言葉の意味を覚えるときは、用例にも気をつけてください。

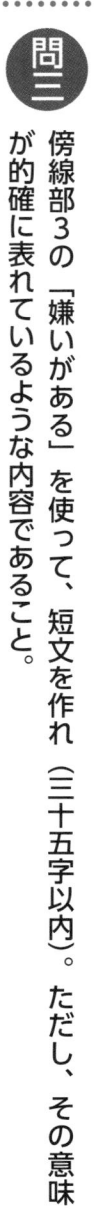

清潔願望と差別感情は根が同じ

「清潔」の追求は「汚い物」即ち異分子を忌み嫌う以上、苦もなく差別と結びつく価値観である。そこで、〝清潔願望〟――「きれい」の過大評価を、民主主義に立つ平等意識によって攻撃し、異分子を包み込む必要性を説くことは容易だ。けれども、それでは、「でも、『きたない』よりは『きれい』なほうが気持ちがいいから」という総ての理屈を超えた快楽への凭れかかりを食い止めることは困難であろう。

次の要点をつかまえます。53行目「『清潔』の追求は『汚い物』即ち異分子を忌み嫌う以上、苦もなく差別と結びつく価値観である」に線を引いておきましょう。

現代は清潔願望の時代です。しかし、物事を深く考えずに、清潔願望が簡単に表に出てくる時代というのは非常に怖い社会だといえるのです。**これは理性よりも快楽で物事を捉えている証拠ですよ。**人々はものを考えない、批判しない。あるいは、個性が抑圧された画一化につながっていく。果ては軍国主義や全体主義に流れていく可能性もゼロではない。だから、現代は非常に怖い。この現代の怖さを、筆者は清潔願望という非常に身近でわかりやすい捉え方で説明しているのですね。

さらにもう一つ、差別感情と結びつくと言っていますが、確かにそうですよね。だって不純物、**即ち異分子を排除するということは、ある意味で差別ですよね。つまり、清潔願望と差別は根が同じなのです。**

理由は何でもいいから、集団から少しはみ出たような人を差別すると、他のみんなは気持ちがいい。差別もそうですが、いじめもこれに近いかもしれません。こういった側面があると考えると、清潔を追求することは、やはり怖いですよね。しかも、55行目「でも、『きたない』よりは『きれい』なほうが気持ちがいいから」という総ての理屈を超えた快楽への凭れかかりを食い止めることは困難であろう」とあります。ここにも線を引いておきましょう。この文も問二の設問に利用できたかもしれません。食い止めることは困難だ、という箇所ですね。

差別感情についてもう少し話しますと、全体主義というものは必ず差別と一緒に現れるんですね。差別と全体主義は根が同じなのです。例えばナチス・ドイツ。戦時中のナチス・ドイツはユダヤ人を虐殺しましたよね。日本の軍国主義もそうであって、これも例えば戦争に反対する人間を非国民と言ったり、あるいは外国人を差別したりした。最近ではヨーロッパにネオナチズムというものが現れました。これも外国人を攻撃して排除しようとします。このように、必ず全体主義というのは差別と共に現れる。だから、その面でも差別は怖いんですよね。

では最後まで読んでしまいましょう。

論理構造から最終結論を読み取る

> そうなると、ここはやはり、「きたない」と周りから判定された側が頑張って、消毒殺菌されてしまうことなく自己主張しなければならない。所詮、観念上の「きれい」と「きたない」に絶対基準などないのだから、結局は、あらゆる人々が自分は絶対に「きれい」と信じて生きているだけの話で、その私的物差しを他者に当てはめるなど本来お笑い草なのだ。
> もちろん、統一・一体化を目指す消毒殺菌に抵抗することは難しいに違いないが、自然界にも「耐性菌」という物が居る。「清潔」の追求が進む中で、案外しぶとく自らを保持して行くことも、充分可能なはずだ。そしてそれは、僕の自らに対する督励でもある。

ここまでの文章には具体例という飾りがいっぱい書いてありました。ここで、しっかりと要点を整理しておきましょう。主張は何かというと、現代は清潔願望の時代であるということ。そしてこの清潔願望は厄介なものでしたよね。これが個性の圧殺とか画一化につながる。そして、もう一つ、差別感情とも結びつくと言っていました。

では、最終結論は何か。この文章は「A（原因）だから、B（結果）」という因果関係を使っています。ここまでわかったように、清潔願望っていうのは非常に厄介です。ではどうすればいいのかというと、58行目「ここはやはり、『きたない』と周りから判定された側が頑張って、消毒殺菌されてしまうことなく自己主張しなければならない」と述べています。線を引いておきましょう。これが最終結論です。「清潔願望は厄介で危険である（原因）から、きたないと判定された側は自己主張しなければならない（結果）」と言っているのですね。

読解のルール

A（原因・理由）→B（結論）

設問に注意してポイントを整理する

問四 筆者は現代の「清潔願望」という風潮を取り上げることによって、どのような見解を導き出しているか。八十字以内で述べよ。

最後は問四です。「『清潔願望』という風潮を取り上げることによって、どのような見解を導き出しているか」。この設問のしかたに注意してください。「『清潔願望』という風潮を取り上げることによっ

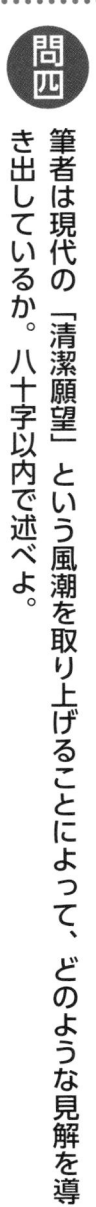

て」と設問に書いてあるということは、現代は清潔願望の時代であることは言わなくていいのですよ。では、どんな見解かといったら、最終結論は、きたないと判定された側は自己主張しなければならない、でしたよね。つまり、差別される側、あるいは異分子の側の自己主張が必要であるということです。では、それをどのようにまとめればよいか、必要なポイントを整理しながら考えていきますよ。

なぜ自己主張する必要があるかというと、危険だからですよね。どんな危険かといえば、「清潔願望は個性の圧殺や画一化につながること」が、一つ目のポイントです。さらに、「差別感情と同根であること」が、二つ目のポイントですね。そして、危険だからどうするのかというと、「それを避けるために異分子が自己主張することが必要だ」が、三つ目のポイント。この三つ目のポイントがいちばん重要ですから、部分点も高いのではないかと推測できます。

解答例を挙げると、「清潔願望は個性の圧殺や画一化につながる可能性があり、差別意識と同根であるために危険であるから、それを避けるために異分子の側が自己主張することが必要である。」となります。

しっかりと要点をつかまえることができましたか？　このように要点を抜き出して、論理的に組み立て直して設問に答えていけばいいのです。ということで、この講義は終わりです。

今回は論理的な読解を理解してほしかったので、評論を中心に講義をしてきました。なおかつ、一つ一つが知識のストックになるような文章を取り上げましたので、しっかり理解して、現代社会の問題点に対する認識を深めてください。

今後は、小説や随想・随筆を題材とした問題に取り組み、心情をどう客観的に分析するのかを解説する予定です。さらには共通テストや思考力テストなどの問題に対してもどう対処してくのか、こういった講義をやっていこうと思います。

解答

▼自分の言葉で説明する問題なので、ポイントさえつかまえていれば、日本語として正しい表現である限り、すべて正解です。ただし、本文中の要点となる語「キーワード」は、なるべく使うようにしてください。

問一　たった一人が汚職をしたために、その組織全体が信用を失ってしまうように、不純物のためにその全体が損なわれてしまうこと。

（「本文に即して」「具体的な例を挙げて」とあるので、文中の具体例を利用すること）（適切な具体例かどうか↓「夾雑物」の具体例として適切…3

点、「その主体」の具体例として適切…3点、傍線部自体の説明↓「その主体」＝全体…3点、「毀損」＝こわす・そこなう…3点／12点）

問二　個性を圧殺したり、画一化につながったりする危険性があるのに、本能的な快楽に根ざしているため、食い止めることが困難だから。

（「個性を圧殺」…3点、「機械のようだ」「画一化」「規格化」など、いずれかがある…3点、「本能的な快楽」…3点、「食い止めることが困難」…3点／12点）

問三　彼は何事においても困難を避け、楽な方を選ぶ嫌いがある。（27字）（6点）

問四　清潔願望は個性の圧殺や画一化につながる可能性があり、差別感情と同根であるために危険であるから、それを避けるために異分子の側が自己主張することが必要である。（77字）（「個性の圧殺」「機械のようだ」「画一化」など、どれか一つがある…6点、二つ目の理由として、「差別感情と同根」（基本的に「差別」があれば○）…6点、「自己主張をすることが必要」…8点／20点）

おわりに

どんな現代文の問題にも、ある一文が書いてあるのを意識したことがありますか。おそらく、当たり前だと思って、いちいちしっかりと読むことはないと思います。どんな文言かというと、このようなものです。

「次の文章を読んで後の問いに答えなさい。」

決まりきったことが必ず問題文の前に書いてあるのは、なぜでしょうか。それは、これが現代文において、たった一つのルールになっているからです。

現代文の問題はほとんど記憶すべき知識はありません。もちろん漢字や語彙、文学史など記憶が必要なものもありますが、得点でいえば10パーセント程度ではないかと思います。大多数は、「次の文章を読んで後の問いに答える」問題です。これは裏返していえば次の文章の中に答えがある、あるいは次の文章を読んだら答えることができるということなんです。考えてみればこんな簡単な問題はない。それなのに、なぜ現代文で安定して高得点が取れないのでしょう。

物事には必ず理由があります。理由を考えずにただ漠然と問題を解くことを繰り返したところで、結局わかっていないものはいくらやってもわからないから力がつきません。この、わかっていないことこそが、現代文における根本的な問題なんです。

設問はあくまで問題文を理解したかどうか、これを試しています。それなのに、問題文を読んでもうまく答えることができないのには、二つ理由があります。

一つは、文章を読んでも、頭の中がごちゃごちゃと多くの情報であふれ返り、整理できない状態にあるからです。私はそれをカオスと呼んでいます。カオス、つまり混沌です。頭の中が整理できていないから、設問を見てもうまく答えることができない。ただ選択肢があれば何となく答えを出したり、記述問題であれば文中の言葉をつなげて何となく答えを書いたりしている。多くの受験生が同じような状態だから、自分がわかっていないことに対して無自覚である。無自覚であるからこそ危機感がない、何とかしようと思わない。多くの受験生がこのような悪循環に陥っています。

頭の中が論理的に整理できたら、論理的に考えることができる。すると設問に対して論理的に答えることができます。こういう頭の状態を私は明晰と呼んでいます。現代文の問題を解くとき皆さんは頭の状態をいつも意識してください。カオス、混沌なのか頭の中がすっきりと整理された状態、明晰であるのか。当然、頭の中が明晰であればおのずと設問に対して答えが出てきます。

もう一つの理由は、どんな人間でも主観から自由になれないということです。例えば百人の人が一斉に私の講義を受けたとしましょう。最初の講義で私が教壇に登場しますよね。皆さんは一斉に私の顔を見ると思います。このとき、私は一人であって一人ではありません。百人の生徒がいれば、百人の私がいるのです。見るという行為には脳が関与しています。ですから、過去に私の講義を受けたことがある人は、そのときの記憶の映像に重ねるように今の私を見ます。あるいは私の講義を受けたことがないけれど、私の参考書や問題集を読んで何らかのイメージを持っている人は、そのイメージを下敷きにして私を見ます。また、何の予備知識もなく、どんな先生だろうと思って見ている人もいるでしょう。つまり、それぞれの脳が異なる認識で私を見るわけです。ですから、肉体を持った私は一人しかいないのに、みんなそれぞれが違ったものを見ているんですね。まさに文章を読むときは、これと同じ状態なのです。一人一人の性格、あるいは感性や経験、語彙力など、いろいろな要素が異なっていて、それをもとに一生懸命、目の前の文章を読んでいます。その結果、同じ文章から一人一人が別のものを読み取ってしまう。そして、それをもとに設問に答えるから、合ったり間違ったりする。だから、現代文は感覚的だと思ってしまうんです。とくに小説や韻文を読むときには自分の主観が入ってしまいがちです。これは無意識にそうなってしまうことなので、それ故に、なぜ自分が間違ったのか、その原因に気づきません。

では、どうすればいいのか。一つ目に関しては、この本で学んでいきましょう。論理的な読解のしかたをしっかりと理解すれば、頭の中が論理的に整理できて、いつでも論理的、つまり筋道を立てて設問に答えることができるようになります。

二つ目は、自分の意識で文章を読むことで無意識に主観で再解釈をしてしまうことです。では、自分の意識で文章を読まないって、どうすればよいのか、皆さんはおそらく途方に暮れてしまうかもしれません。しかし、これはそれほど難しいことではありません。筆者の意識で文章を読めばいいのです。皆さんが読んでいるのは、筆者が原稿を書いて、それが活字になって発表されたものです。その一部が試験問題になっているのです。原稿を書く筆者には、読み手が誰かはわかりません。これを私は不特定多数の他者と呼んでいます。つまり相手が誰だかわからない。感覚や気持ちが通じ合う関係ではないから、不特定多数の他者です。そんな相手に自分の言いたいことを伝えるわけですから、きちんと筋道を立てるしかないんです。ですから、皆さんは筆者の立てた筋道を追っていけば、おのずと設問の答えが出てくるはずなのです。この筋道こそが論理です。

実際にこれからは論理国語という科目ができるわけですから、皆さんは論理的に文章を読んでいく必要があるんです。この論理はあらゆる科目の土台となる力であり、大学での論文の読み書き、さらには皆さんが社会に出る頃はＡＩがさらに進化する時代を迎えることになりますが、そのときの最大の武器となってくるんです。もちろんグローバル社会においても論理的な考え方は世界共通の約束事ですから、大いに力を発揮します。

この講義では論理とはどういうものか。論理的に読むとはどういうことか。さらには論理を追っていけば自然と答えが出るというのは本当なのか。あるいはそれを設問に応じた解答にするにはどうすればいいのか。とくに、今後は記述問題が重要視されますから、その答えの書き方を含めて、しっかりと理解してもらうための講義をしました。

●おわりに

出口 汪 Hiroshi Deguchi

関西学院大学大学院文学研究科博士課程単位取得退学。広島女学院大学客員教授、出口式みらい学習教室主宰、（一財）基礎力財団評議員。現代文講師として、入試問題を「論理」で読解するスタイルに先鞭をつけ、受験生から絶大なる支持を得る。そして、論理力を養成する画期的なプログラム「論理エンジン」を開発、多くの学校に採用されている。現在は受験界のみならず、大学・一般向けの講演や中学・高校教員の指導など、活動は多岐にわたり、教育界に次々と新機軸を打ち立てている。著書に『出口汪の「最強！」の記憶術』『日本語力 人生を変える最強メソッド』『出口のシステム現代文シリーズ』『論理でわかる現代文シリーズ』『システム中学国語シリーズ』（以上、水王舎）など多数。

出口汪の最新情報はこちら

出口汪公式サイト
https://deguchi-hiroshi.com/

いちばんわかりやすい！実況論理国語
現代文講義 評論編

2021年10月15日　第1刷発行

著　者　出口　汪
発行人　出口　汪
発行所　株式会社　水王舎
東京都新宿区西新宿 8-3-32　〒160-0023
電　話　03-6304-0201
装　幀　福田 和雄（FUKUDA DESIGN）
編集協力　石川 享（knot）
編　集　出口 寿美子
本文印刷　光邦
カバー印刷　歩プロセス
製　本　ナショナル製本

ISBN978-4-86470-160-0

いちばんわかりやすい!

実況論理国語

現代文講義

評論編

問題編

目次

『現代社会をみる眼』

飯坂良明

●学習日　月　日　●学習タイム　分

解答・解説 ▶ P.10

次の文章を読んで、後の問いに答えよ。

レジャーとはなにか。レジャーをいわゆる自由時間と区別しようとする論者もあれば、この両者を同一視しようとする人もある。デ・グレージアによれば、自由時間、つまり、仕事を離れた時間ということばは、何よりも時間の面を強調し、仕事から自由な一定時間をとりのけておくという意味がつよい。これにたいして、アリストテレスなどにみられるギリシャ的用法では、レジャーはむしろ一つの状態、しかも、何かある行為がなされても、それは仕事のばあいのように、ある目的のためになされるのでなくて、［A］行為、つまり自己目的的行為がおこなわれるような状態をさすものとされるのである。そしてこの厳密な規定からいうならば、われわれがこんにちふつうにレジャーとむすびつけて考えているような「娯楽」とか「レクリエーション」はほんらいレジャーのなかに入ってこないことになるであろう。というのは、これらのものは仕事の単調さ、つらさをまぬがれようとしてなされるものであり、そのかぎりではいぜん仕事に関係しているからである。

こうしたアリストテレス的レジャー観からいえば、真にレジャーの名に価する活動は、それ自身のためになされるような価値ある活動としての音楽や詩や哲学的観照などであり、それはわれわれがこんにち「高級文化」と名づけているようなものにかぎられるであろう。ちなみにレジャーにあたるギリシャ語の「スコレー」は、学校(スクール)や学者(スカラー)ということばの語幹になっていることも興味深い。レジャーをこのようにみることは、現代のわれわれにとって考えさせるものがあるといわねばならぬ。というのは、われわれにとって、レジャーとはせいぜい気ばらしやあそびや休息をいみするか、でなければ、仕事のつまらなさからの逃避をいみするものとして消極的従属的にしか考えられていないからである。

しかし、技術の発展が、ますます多くの余暇をひとびとに将来あたえていくとすれば、その余暇においてひとびとが、生の充実を味わえるようないとなみ、つまりそれ自身において意味と価値のある行為をなすことができるであろうか。現実の傾向はむしろその逆をめざしているようにさえみえる。さいきんにおける余暇の増大は、いわゆるレジャー産業のめざましい発展をみ、そのあくなき営利追求は、それが提供する大衆娯楽の質とあいまって、ひとびとに生の充実と人間性の回復の機会をあたえるよりは、 B

自由時間は、このようにレジャーの質的側面よりも、量的時間的側面をあらわすことばであるが、このばあいでも自由時間がいかなるいみで自由かということは問題である。厳密ないみで自由時間というばあいには、仕事および仕事に関連した時間を除くとともに、さらに「生存のための時間」とよばれるものをもさし引いた残りをさす。生存のための時間というのは、ふつう食べること、寝ること、およびそれに関連した買物や料理などにつかいやす時間をさす。したがって、自由時間は、厳密にいえば、ふつうに考えられるような、仕事から解放されたといういみでの自由な時間よりもさらに短い。けれどもこのようにしてさし引いて残った時間のなかでも、たとえば、なかば義務感や強制されるような気持で人を訪問したり、ある会合に出席したりするならば、これを自由な時間ということができるかという疑問は残る。したがって、自由時間というばあいの自由は、これを先にのべたレジャーの本来のいみに関連づけるためにも、[C]、つまり、強制を離れた自由な選択、動機をふくむものとして解されなければならない。

余暇の善用ということがいわれるけれども、それはたんに労働力の再生産のために役立つように余暇を用いるということにとどまらず（レクリエーションの目的はそれにとどまるといわれる）、人間がより人間らしくなるための機会として余暇を活用することであり、それがまさにレジャーの目的でなければならない。そもそも余暇ということば自身が労働志向的労働中心的考えかたをあらわしているもののようであり、しかもその労働も個性や人間性をのばすよりもむしろ阻害するものと感じられるにおよんで、逆に余暇が生き甲斐と感じられるにいたった。ところが、その余暇も増大の一途をたどるようになると、余暇をもてあますということがおこり始めた。しかも労働や仕事が、技術の発展によって苦役から解放され、それほどつらくなくなると、ひとは、余暇をもてあますよりも仕事につながれているほうをえらぶということもありえよう。フロムやサルトルが指摘するように、人間はしばしば自由をもてあまして自由を不安に感じ「自由からの逃走」をはかって D をえらびとるといわれる。ヘルムート・ティーリッケは、これとならんで、現代人は自由時間に不安を感じ、しかも、この二つの不安は同じ根から発するものであるという。

さらにわれわれは、われわれの自由時間の断片性について考えなければならぬ。そのこま切れ的性格が、自由時間が自由であることを阻止している。しかもこの自由時間においてこんにちひとびとがなすところのことは、圧倒的に受身的（あるいは無思考的といってもよい）性格をもっていることも注意されねばならぬ。たとえば、自由時間の多くは、マス・メディアのもちはこぶ大衆娯楽を吸収するためについやされる。ラジオやテレビの与えるものをひとは一方的に受けとる。しかもその内容は、考えさせるようなものはまれだ。自由時間において、彼はますます外から規定され、無思考的無批判的となる。外から多く受けとれば受けとるほど彼はますます無内容となり空虚となる。そして、その空虚さをうめるためにはますます多く外からあたえられるものを受けとろうとする。こうして、悪循環はたえず進行する。

このようにして、人が自己規定性と主体性をうしなうとき、まさに、自由時間は不自由時間に変ぼうするであろう。われわれは自由時間のもつ可能性を否定してはならない。自由時間が真に人間の自由のための時間となることは、どのようにして可能か。レジャーが学問や教育とふかく関係することを説いたギリシャ人の知恵にいまこそ、われわれは学ぶべきではないか。

『現代社会をみる眼』飯坂良明

問一　文中の空欄Aに入る最も適当な十五字の語句を、第三段落までの文中から抜き出して、最初の三字と最後の三字を書け。

最初 □□□ ～ 最後 □□□

8点

問二　文中の空欄Bに入る最も適当な文を、次の①～⑤の中から一つ選べ。

① 個々人がそれぞれの個人的世界に閉塞的にとじこもる状況をうみ、ひととひととの連帯をかいて社会全体に生産意欲の減退をもたらしている。

② 生の堕落と人間性の喪失をはてしなく助長しつづけることになりかねず、余暇を善用できないひとびとが輩出する可能性が大である。

③ いわゆる余暇のための消費・消費のための余暇をとおして目先のみの変化が求められ、生のいみを問う高度な文化は崩壊の危機にひんしている。

④ 他者との等質性に安息しつつ若干の優越感を味わおうとする感情をあおって、結果的に経済の伸長と国家の発展をうながすことになる。

⑤ たんなる一時的な情緒的満足や倒錯した刺戟《しげき》をあたえることによって、自己疎外や非人間化をますます促進するかもしれないのである。

8点

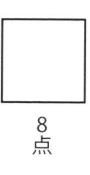

問三　文中の空欄C・Dに入る最も適当な語句を、次の①～⑥の中からそれぞれ一つ選べ。

C　①現実的な取捨　②原則的な法則　③本質的な側面
　　④発展的な視野　⑤主体的な要素　⑥積極的な規定

D　①刹那の享楽　②自我の放棄　③隷属の安定
　　④諦念の境地　⑤不安の解消　⑥孤独の安逸

C □　D □

各5点

問四　傍線部の理由として最も適当なものを、次の①～⑤の中から一つ選べ。

①断片的時間の中では、わずかな安息を得ることしか許されないから。
②外界に従属したり、無自覚的に引きずられたりすることになるから。
③義務感が精神的負担となり、強迫観念から逃れられなくなるから。
④自家撞着におちいって、自縄自縛的な世界に埋没してしまうから。
⑤日常の生活に追われ、自由を自己規制することにつながるから。

□

8点

問五　問題文の考え方と矛盾しないものを、次の①～⑤の中から二つ選べ。

① 「ひまをつぶす」という表現は、余暇を人に敵対するものとしてとらえており、そうした姿勢からは余暇の真の意義を十分に見出しえないことになるだろう。

② 現代人にとっての自由な時間は、趣味や健康保持のために不可欠なものであり、社会全体の向上につながる労働意欲を増進させるという点でまことに重要である。

③ レジャーの時間と自由な時間とは相関関係にあり、前者を他のひとびとと共有する時間として消費する結果、個人の真に自由な時間が不足気味であるのは残念だ。

④ 近代技術の発展は、頭脳労働者を急増させると同時に、レジャーの時間をも生みだしてきたが、それは主に神経を休養させるものとしてしか活用されていない。

⑤ 農村社会も機械の導入によって近代化されつつあるが、なおそこでは人と自然との融和的状況の中で余暇が楽しまれており、ほんらいのあるべき姿がみとめられる。

各8点

第2講

『中世を歩く　京都の古寺』

饗庭孝男

●学習日　　月　　日　●学習タイム　　分

解答・解説 ▶ P.54

次の文章を読んで、後の問いに答えよ。

私は京都へゆくと殆《ほと》んどいつも何とはなしに高山寺《こうざん》を訪れる。京都にある他の中世の寺もむろん好きだが、この寺は私にとっていかにも寺におまいりする、という実感を与えてくれるからである。仁和寺《にんな》の近く、嵯峨野《さがの》へゆく道と分かれて周山街道に入り、次第に山のなかに分け入ってゆく。空気がひんやりとして霧がながれている。小さな峠を越えて鄙《ひな》びた渓谷沿いの里に下り、街道から左に石段をのぼり、あの高山寺の石壁の白さを目にすると私の心は不思議なやすらぎを覚える。

寺へまいるということは、そこまでの時間的な距離が大切である。というのもそれは1〈聖なるもの〉に近づいてゆく心の深まりの距離でもある。求心状態がつくられてゆく過程なのだ。高山寺へゆくのと似たような経験は、京都で言えば浄瑠璃寺《じょうるり》への、あの丘をこえ、林をこえてゆく道のりにも味わうのだが、パリに留学していたころ、ブルゴーニュのヴェズレーにある聖マドレーヌ教会へ行った時も、オーヴェルニュの山奥にあるロマネスク（中世ヨーロッパの一建築様式）のオルシヴァル教会へ行った時も同じような経験をした。

あのゆるやかなブルゴーニュの春の丘に花が咲き乱れる時、ヴェズレーの丘の上にある美しい聖マドレーヌ教会の塔を遠くから仰ぎながら一歩一歩、坂道をのぼってゆく感動は言葉につくしがたい喜びである。また、夏も深い霧につつまれた寒村のオルシヴァル教会の尖塔《せんとう》が少しずつ、歩むにつれてその姿をあらわしてくる時のよろこびも同じであった。そんな時、私はよく、詩人、ポール・クローデルの「神に向っておのれを低める」という言葉を思い出すのである。

彼はアンドレ・ジイドに向って、山は遠くにある時、人はおのれと同じ高さだと思うが、山に近づくにしたがって、おのれがいかに低い、小さい存在であるかを知ることができる、と述べ、神と人間の関係を比喩《ひゆ》したことがある。

私は先ほど寺にまいるその［A］を［B］と［C］と呼んだが、それはクローデルの言う、自己を低める行為のことを意味してもいるのである。高山寺や浄瑠璃寺、あるいは聖マドレーヌ教会にむかってゆく歩みのなかに、私はその働きが自分のなかにおこるのを感ずる。

私は京都や奈良、あるいは自分の生まれた滋賀などの古い寺を歩くのは好きだが、それは単に美意識の問題ではない。いまだに信仰をもたない私がこのようなことを言うのは D かもしれないが、戦前の和辻哲郎氏の『古寺巡礼』を一つの E とする、 F 的で教養主義的な古寺巡礼が私の心にあわないのである。と言っても私は敬虔《けいけん》な信者のように心むなしく神仏にぬかづくわけではないが、ただ、私が自分の心の不完全さや愚かしさをたえず身にしみて感ずる時、どれだけ自分を低めることができるだろうかと考えるのである。

道元が「仏道をならふといふことは、自己をならふ也《なり》。自己をならふといふことは、自己をわするるなり」とのべたことが、クローデルの言う「自己を低める」こととやはり根底においてつながっているようにも思う。

考えてみると、明治以降、私たちは、あまりにも「自我」の確立を求めすぎたり、「個性」のシンチョウを願いすぎたのではないだろうか。すでに夏目漱石は「私の個人主義」や「現代日本の開化」のなかで、そのことに強い懐疑の念を表明していたように思う。自己はたしかに生きており、その必要はあるが同時に生かされてもいる。パスカルが、われわれが生きているのは神のあわれみによってであるとのべたことは、つねに一つの動かしがたい真実なのである。

私は自己と絶対者とのかかわりを思う時、よくシモーヌ・ヴェイユが、自己を真空状態にするにしたがって神がそこに入ってくるといった意味のことを思い出す。彼女は、ほぼ現代の思想家と言ってもよいが、それは、先にのべた「自己」のとらえ方からしても十分に味わうべき意味をふくんでいるのである。クローデルもヴェイユも、ともに中世に深く惹《ひ》かれたが、彼らの言葉が生まれてくる基盤には「個性」や「自我」の解放に生きた無邪気な近代への強い反省がひそんでいる。

私は高山寺やその他、中世の寺を歩く時に、いつも西欧や日本という限定なしに、中世という時代が個人に、否応《いやおう》なしに強いた極限的な状況が、その思考を鋭く、また深く錬磨《れんま》したと思わずにはいられない。善にも悪にも途方もないことがおこり、いずれにもイカドということがあった中世が、心や精神のつよい振幅のゆれうごきのなかから、たとえば明《みょう》恵上人《えしょうにん》、法然《ほうねん》、親鸞《しんらん》を生み、あるいは聖フランチェスコやアベラールを生み出したことに私は感銘する。

中世という時代は、3自己を高めようとしたルネサンス以後とは逆に、自己を低めようとした時代であった。低めることで見えてくるものは、自己と絶対者との関係、あるいは自己と世界との関係であったろう。それは単に宗教の領域だけでなく、文学や芸術にかかわりあうものの領域にもおこったことであった。たとえば大伽藍《がらん》を建てた人々が、あるいは美しい祭壇画を描いた人が、いずれも「これらの栄光を我に帰することなかれ、ただ神の御名にのみ帰したまへ」という言葉を刻んだことは、自己を「無名」とすること、自己を低めるという行為を端的に示した例であったと思う。

優れた芸術作品はそれをつくった人の名前を忘れさせる。それはリルケがのべたように、宇宙の沈黙の承認を受けて、この世界に、[4]まるで自然の「物」のように存在する。中世の多くの芸術作品は、それをつくった人の名前をもっていない。それでいて私たちを感銘させる。自己を低めることは敬虔であり畏《おそ》れである。その心が逆に美しいものをつくるのである。それが中世の心というものであろう。

『中世を歩く　京都の古寺』饗庭孝男

問一　点線部ア・イのカタカナに当てはまる漢字と同じ漢字を、カタカナの部分に用いる単語はどれか。次のア・イ群の①～⑤の中からそれぞれ選べ。

ア　①　シン更　②　シン酸　③　シン厳
　　④　追シン　⑤　謹シン

（2点）

イ　①　カ働　②　カ根　③　カ敢
　　④　多カ　⑤　罪カ

（2点）

問二　空欄D～Fに入る最も適当なものを、次のD～F群の①～⑤の中からそれぞれ一つ選べ。

D　①　過信　②　幻想　③　見識　④　皮肉　⑤　僭越《せんえつ》

（4点）

E　①模範　②規範　③典範　④典型　⑤類型

4点

F　①我没　②審美　③求道　④布教　⑤神秘

4点

問三　傍線部4とはどういうことか。最も適当なものを、次の①〜⑤の中から一つ選べ。

①　自己を低めつつ孤高をたのんで
②　自ら充足しつつ調和を保って
③　輪郭の確かさを誇示しつつ
④　制約をしりぞけつつ自由に
⑤　個を滅却しつつ超然として

6点

問四　本文の内容と合致しないものを、次の①〜⑥の中から二つ選べ。

① 宗教的帰依なくしても、超越的恩寵《おんちょう》による人間の生のありようは信じられる。
② 宗教的創造物の正しい美的鑑賞は、敬虔な心をもつことで可能である。
③ 地上の距離と歴史の時間を超《こ》えて、自己を低める心は通じあう。
④ 自己を低め得るという期待が、中世の寺々へ詣《もう》でる動機となる。
⑤ 絶対者の前に敬虔であることとは、世界に同化することである。
⑥ 心のやすらぎとは、〈聖なるもの〉の前での自己陶酔である。

各4点

問五　傍線部1を得るために、筆者はどのような具体的行為を必要としたのか。文中の一語を抜き出せ。

4点

問六　傍線部2のような風潮に対する筆者の揶揄《やゆ》の言葉はどれか。文中の一語を抜き出せ。

4点

問七　空欄A～Cに入る最も適当な語句を、文中からそれぞれ抜き出せ。

A　2点

B　2点

C　2点

問八　傍線部3「自己を高め」るとは、ここではどういうことか。十字以内でわかりやすく言い換えよ。

6点

第3講

『曖昧への冒険』

山崎正和

●学習日　月　日　●学習タイム　分

解答・解説 ▶ P.82

次の文章を読んで、後の問いに答えよ。

政治や経済の分野でも、また文化史の分野でも、さまざまな作業仮説としての時代区分は現に行われているし、そのいくつかは、人間が技術的に行動するためにひとつのめやすとして有効でもある。たとえば、一九六〇年代以降の日本では、「情報化時代」という言葉が社会の標語となり、これが企業生産や行政に一定の指針を与えて来たのは、明らかな事実であった。しかし、そうした時代概念は、人間が生きるための便宜的な手段ではあっても、生きるための気力をかきたてる、精神全体の原動力となるものではない。考えて見れば、産業化の世界観は資本主義であれ社会主義であれ、歴史に一定の作業計画をたて、それを目標として人間を集団的に大動員する思想であった。これはもともと技術的な歴史観であって、その時代区分も本来はいわば、作業を進めるうえでの手順や日程として立てられたもの、と見ることができる。［A］、あまりにも技術的な思想は価値観について無邪気であり、そのゆえにかえって特定の理念を標榜する思想よりも、一層、熱狂主義に傾くという逆説を見せる。いつしか手段が目的となり、［B］が至上命令と化して、人間の精神全体の大動員が進められたのであったが、現代は、この擬似的な［C］が急速に冷却した時代だといえる。あとに残ったものは、剝《む》き出しに技術的な時代概念ばかりとなり、熱狂から醒《さ》めた現代人には、それがいやがうえにもアサクバクと映るのである。

けれども、今日の歴史状況の変化はたんにそれだけのことではなく、さらに現実の実質にも変質が及んで、時代区分の時間的な枠組そのものが崩れ始めている、という事実を見逃すことはできない。

この点について、まず誰《だれ》の目にもわかりやすい現象は、現代の社会的な事件のめまぐるしい去来であって、ことが起っては消えて行くあわただしさのあまり、事件が事件として十分に完結し難い、ということであろう。第一に、高度産業化社会の活力は巨大な物質的な能力に溢《あふ》れ、社会をたえまなく動かして、現実に事件の総量を増大させる宿命を負っている。その豊かさは、同時に戦争と大土木事業を併行して進める余力を備え、それのみならず、そうした活力の消費を停められない慣性に駆られている。その結果、事件はつぎつぎと先の事件が完結しないうちに頭を擡《もた》げ、互いに意味をイソウサイしあって流れ去ることになるのであるが、このことはとりもなおさず、時代を象徴するような中心的事件が成立しない、ということを意味している。

しかもそのうえに、産業化社会はまた情報氾濫《はんらん》の社会でもあって、おびただしい報道伝達の機関が、事件の総量をさらに印象のうえでウゾウフクする傾向を見せる。皮肉なことに、現代の報道機関の関心はいまも大いに歴史主義的であり、それゆえに、時代を象徴するような事件は争って発掘されるのであるが、その競合が手応《てごた》えを薄めあって、かえって時代のイメージを混乱させる結果を招いている。産業化社会の報道は、それ自体、産業化の原理を戯画的なまでに体現しており、一定の情報生産の作業計画をエジュンシュして、その正確な遂行を至上目的としている。したがって、新聞情報は朝夕に、また電波情報は時時刻刻に強制的に作られることになり、その分だけ、[D]。一日に一度の事件も十年に一度の事件も、その伝えられ方の比重は相対的に区別を失い、事件の意味上の遠近法は成立を妨げられる。そうなれば、事件の遠近法のうえになりたつ時代像がそのオリンカクを弱め、そこに生きている人間にたいして、有機的な全体としての印象を乏しくするのは、当然のことであろう。

『曖昧への冒険』山崎正和

問一　傍線部ア〜オのカタカナを漢字に改めよ（楷書で正確に書くこと）。

ア　　イ　　ウ　　エ　　オ

各2点

問二　空欄Aに入る最も適当なものを、次の①〜⑤の中から一つ選べ。

① あるいはまた　② たとえば　③ したがって
④ だが　⑤ のみならず

6点

問三　空欄Bに入る最も適当なものを、次の①〜⑤の中から一つ選べ。

① 企業生産　② 作業計画　③ 情報化
④ 集団化　⑤ 世界観的な主張

6点

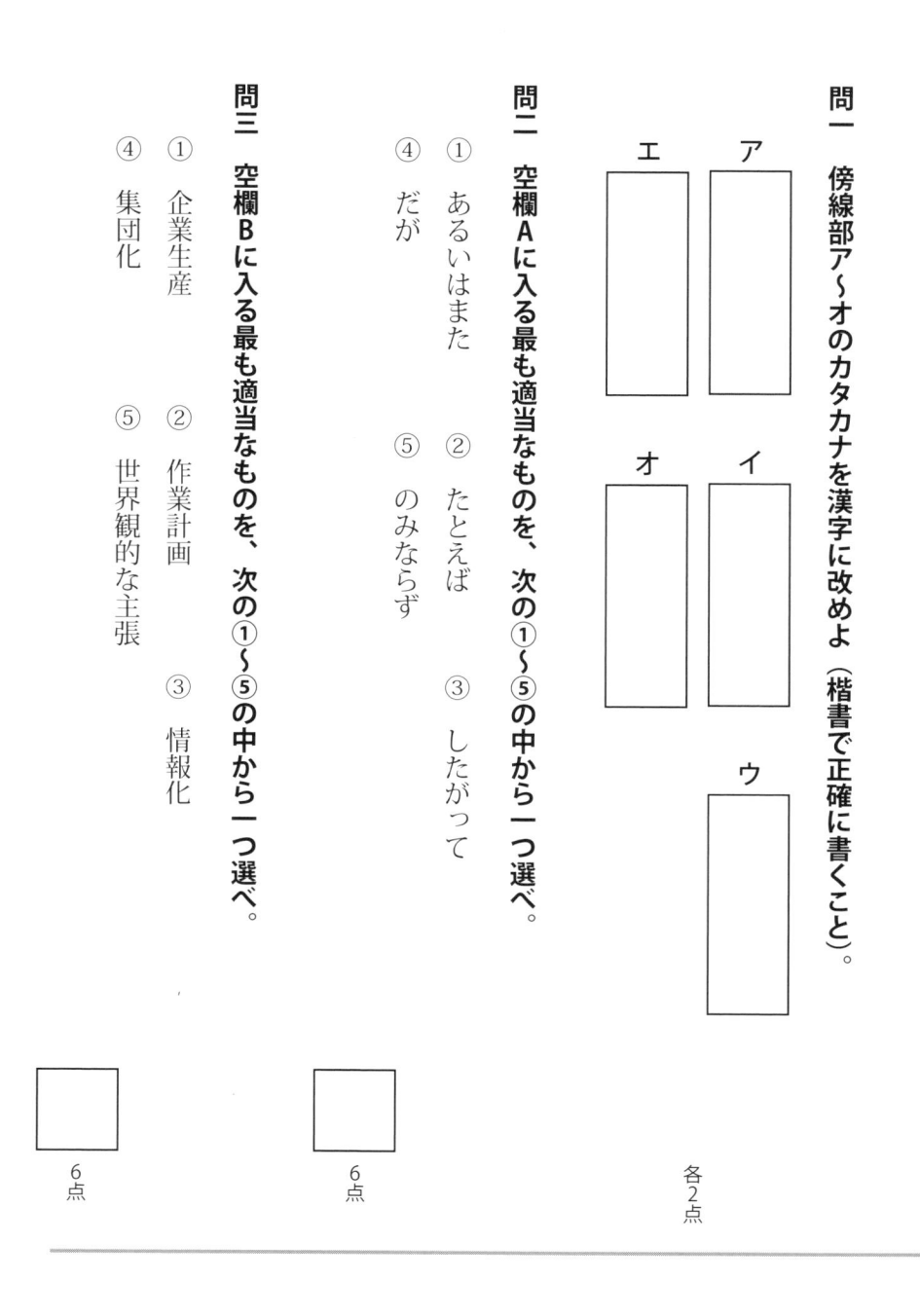

問四　空欄Cに入る最も適当な語句を、第一段落中から抜き出せ。

6点

問五　次の文章を第三段落の中に入れるとすれば、どこが適当か。最も適当な箇所を、その前の文の最後の六字で示せ（句読点は一字に数えない）。

この技術主義的な社会においては、技術の発揮はそれ自体が美徳であり、無策はなんであれ悪徳と見なされるために、善悪を問わず、ことを起こそうとする試みはとめどなく刺戟《しげき》される。

6点

問六　空欄Dに入る最も適当なものを、次の①～⑤の中から一つ選べ。

① 情報が無批判的に受けいれられる危険が生じざるを得ない
② 伝えられる個個の事件の印象が稀薄にならざるを得ない
③ 伝えられる事件の重みは機械的に平均化されざるを得ない
④ 報道の客観性の基準が曖昧にならざるを得ない
⑤ 報道すべき事件の選択に迷わざるを得ない

8点

問七　次の文章のうち、本文の筆者の考え方と合致しないと思われるものを、次の①～⑤の中から一つ選べ。

① 産業化を推進した世界観は無邪気な楽天主義のうえになりたっていたが、今日ではその支配力が急速に衰えつつある。
② 産業化が歴史の変化を加速しつづけた結果、今日ではかえって時代の概念そのものにひびが生じ始めている。
③ 現代ではいっさいの時代区分が無価値とされ、人びとは社会を動かす原理への関

心を急速に失いつつある。

④ 今日の人間にとっては、生き方の指針や手がかりを時代の内側に探すことがむずかしくなっている。

⑤ 高度産業化社会では、それぞれの出来事の歴史的な意味がますます見さだめにくくなっていく。

8点

3『曖昧への冒険』 山崎正和

第4講

『狂気のなかの正気　または「リヤ王」の事』

加藤周一

●学習日　月　日　●学習タイム　分

解答・解説 ▶ P.122

次の文章を読んで、後の問いに答えよ。

『リヤ王』は、一六世紀末一七世紀初めのイギリスの役者シェークスピア（一五六四〜一六一六年）の作った名高い芝居の一つである。その話のすじは、複雑であるから、その主題（あるいは「メッセージ」）も、さまざまに解釈することができる。可能な解釈のなかの一つは、この芝居を1リヤ王の変身の物語とする見方である。

老いたリヤ王が三人の娘の上の二人に領国を分《わか》ち与え、末の娘との縁を切る。これは上の二人が巧みに諂《へつら》い、末娘が媚《こび》ることをきらったからである。すなわち主人公の愚行から話がはじまる。「聡明《そうめい》になるまでは老いるべきでなかった」と王に附き添う道化師がいうのは、2そのことである（第一幕第五場）。

［A］それぞれ領国の半分を得た娘は、身を寄せた王を手ひどく扱う。その「忘恩」に対してリヤ王は、激怒し、激怒は、滔々《とうとう》たる罵詈《ばり》と呪《のろ》いの言葉のアホンリュウとして表現

される。それを聞いて、または読んで、私が感心するのは、英語には悪口のための語彙が実に豊富であったということ、一六世紀末一七世紀初めのイギリスの社会が露骨な性的表現にはなはだ寛大であったということである（それが寛大でなくなったのは、ヴィクトリア朝以来のことで、その習慣が戦後のある時期までつづいた）。いずれにしても、怒り狂う人物は、世の中を観察しない。冷静な観察にもとづき、気の利いた言葉を吐くのは道化師である。

B 芝居のリヤ王は、まず行動の人としてあらわれ、次に激情の人としてあらわれる。そのいずれの段階でも、観察（と理解）の人は、王ではなくて、道化師である。ところが、第三段階に到ると、二人の娘に追い出され、従う者少く、荒野に彷《さまよ》う王は、全く無力であり、絶望し（すなわち激情さえもおこらず）、ほとんど狂気の状態となる。C 、道化師に代って、権力と社会の鋭い観察者（理解者）となる。まさに登場人物の一人がいうとおり、「狂気のなかの正気」（第四幕第六場）である。

D リヤ王は、何をいうだろうか。たとえば乞食に吠える犬について、「いかなる権威であろうと権威に服するのが犬である」という（第四幕第六場）。その後三百余年、ポール・ニザンが「番犬」について語ったのは、つまるところ同じ事である。また、「粗末な服を透しては小さな罪も眼にみえる、(イ)ビフクと毛皮はすべてを隠す」というのも（第四幕第六場）、その後三百余年、汚職は大きければ大きいほどウテキハツされ難いという今日の事情に呼応する。E 一九七四年のアメリカで、元大統領は赦に浴し、協力した顧問たちが罪を着る（七五年判決）ようなものである。そういうことの全体が、観察者となったリヤ王にとっては、「道化師（ばか者）の大舞台」にすぎない（第四幕第六場）。一度は末娘に救われ、やがて彼女と共に上の娘二人の軍勢のエリョシュウとなった彼は、二人に会いに行こうかという末娘の言葉に、「いや、いや、牢獄《ろうごく》へ行こう、行って籠《かご》の鳥のようにわれわれだけの歌を唱《うた》おう」とこたえる。「牢獄の壁のなかで」「誰が敗れ、誰が勝ち、誰が来り、誰が去るか」、権力のオショウチョウをながめて暮そうというのである（第五幕第二場）。この時のリヤ王は、ほとんど歴史家に近い。

3リヤ王の正気は、狂気のなかにあらわれる。歴史と社会の観察者は、歴史への参画と社会的行動の終った後に成立する。認識の主体は、同時に行動の主体ではあり得ないということなのか――。問題はあらゆる水準で常に提出されていて、しかも一時的な解答を見出し難いから、シェークスピアはこの芝居を作ったのかもしれない。

『狂気のなかの正気または「リヤ王」の事』 加藤周一

問一　傍線部ア〜オのカタカナを漢字に改めよ（楷書で正確に書くこと）。

ア

イ

ウ

エ

オ

各2点

問二　空欄A〜Eに入る最も適当なものを次の語群の中からそれぞれ選べ。ただし、同じ語を二度選んではいけない。

と同時に　そこで　しかるに　すなわち　たとえば

A

B

C

D

E

各2点

問三　傍線部2の「そのこと」とはどういうことか、答えよ。

4点

問四　以下にある①・②の文は、それぞれカッコ付きで本文の中にあったものである。どこに入るのかを考えて、その直前の五字を書け（句読点を除く）。

①（すなわち行動の可能性を失い）

②（日本語にくらべれば今でも豊富である）

①　②

各5点

問五　傍線部3「リヤ王の正気」とは、リヤ王がどのようになったことを言うのか答えよ。

6点

問六 傍線部1「リヤ王の変身の物語とする見方」によれば、リヤ王はどう変身していくのか、七十字以内で答えよ。

10点

第5講

『判断停止の快感』

大西赤人

●学習日　月　日　●学習タイム　分

解答・解説 ▶ P.148

次の文章を読んで、後の問いに答えよ。

書店に入り、平積みにされている本や雑誌を買う時、一番上の一冊は、多くの人が手に取ったため表紙が折れたり少し破れたりしていることがあるので、二冊目を引き出す——これは平凡な行為だろう。しかし、何十冊も積まれた週刊誌を上から下まで丹念にチェックして、自分の買う「きれい」な一冊を選び出す——こうなると少々不気味にさえ思われるが、そんな若者も現代では珍しくないらしい。

そこには、キズや汚れに対する過敏なほどの嫌悪・「きれい」な物への強い執着が感じられる。最近のテレビ・コマーシャルを見ていると、〝殺菌〟〝除菌〟〝消臭〟などと冠した商品が増えているようで、これもまた、「きれい」な物を求める人心の反映に違いない。「きれい」という言葉には、概《おおむ》ね二通りの意味がある。「きれい」を漢字で書けば〝綺麗〟または〝奇麗〟だが、〝綺〟は綾織物を指し、原義としては、綾織物のように美しいということらしい。字面からの推測に過ぎないけれども、元来の「きれい」は、仮に英語に置き換えれば「ビューティフル」――見る者の眼に色彩が飛び込むような華やかで鮮やかな様子――を主に表現していたのではないだろうか。

ところが近年の傾向を見ると、もう一つの意味――清潔で汚れがなくサッパリとした有り様――即ち「クリーン」を指し示すことのほうが格段に多い。例えば「きれいな政治」「きれいな日本語」「きれいな街」――いずれも、色とりどりの派手やかさではなく、感覚的・観念的な清潔さを打ち出している。

では、この「クリーン」――「清潔」とは一体何なのか？　衛生的な有り様、バイ菌や害虫が居ない有り様、健康・健全な有り様。しかし、先に挙げたような例の場合「衛生的な政治」とか「バイ菌の居ない日本語」では違和感がある。「清潔」の意味するところをもっと一般化するならば、それは夾雑物《きょうざつ》・不純物の無い状態のことだろう。そして、この夾雑物・不純物とは、別の言い方をすれば「きたない」物である。汚職、汚い言葉、汚いゴミ……押しなべて、その主体を毀損《きそん》する存在として位置づけられる。

現代は〝清潔願望〟の時代と聞く。「清潔」が大変重要な価値観となりはじめている。「きたない・不潔」は最大級の侮蔑《ぶべつ》であり、人々は無色、無臭、ツルツル、サッパリ等々の「清潔」の代名詞に魅《ひ》きつけられる。しかし、この「きれい（清潔）、きたない（不潔）」は、既に述べたごとく必ずしも衛生面に基づく判断ではない。顕微鏡で検査したらバイ菌が無数に居ようとも、外見が「清潔」でありさえすれば、多くの人々は満足する。

仮に、ヨレヨレの紙袋に入っているが実は完全無添加の菓子と、美しく包装されているが実は有害物質含有の菓子とが並んでいれば、過半の人間は前者を「きたない」と判定し、「きれい」な後者に手を伸ばすことだろう。冒頭に記した週刊誌をチェックする若者や、消臭スプレーを部屋に振り撒《ま》く奥さんにしても、結局は表面的な「きれい」さの幻想を追い求めているに過ぎない。

要するに、この「清潔」は、これまでに人類が様々な病害を抑えるために獲得しようと努めた実利的な「清潔」とは、相当に異なる性格のようだ。人類が地球の支配者然として文明を築く中で、そのセックスが生殖の本義よりも快楽の側面を増大させたのに似て、現代の〝清潔願望〟は、言ってみれば「快楽としての清潔」と化しているのかもしれない。人間にとって、「清潔」は本能的な快楽なのである。夾雑物・不純物の無い――異分子を排除した統一感・一体感。それは全き百（あるいはゼロ）なのだから、個別の判断を必要としない。あれは何、これは何、と神経を煩わすことなく、その場の状況をひたすら無批判に丸ごと受け容れ、浸っていればよろしい。

また、統一され一体化した多数の人間が、緊密に同じ行動を取ると、[2]厄介な均衡の美まで生まれる。たとえば軍隊の示威パレードは、古今東西、まずどこの国を取っても、多数の兵士が完全に同じ装備・姿勢・歩調・速度に準じて進むことだろうし、そこから幾らかの距離間隔を置いたところで、オリンピックや国体や高校野球の入場行進が行われ、またその延長線上で、丸坊主・制服姿の中学生たちが「前へならえ」の整列を実施する……。

言うまでもなく、そういう風景を見て、「機械のようだ」とか「個性が圧殺されている」と眉《まゆ》を顰《ひそ》める人々も少なからず居る。しかし、それは〝理〟の勝った反応――眼前の光景を一旦は受け止め、爽快《そうかい》な感覚を催しながら、その背後に想《おも》いを馳《は》せ、改めて批判に取りかかった言葉――ではないだろうか？　少なくとも僕自身を省みると、そんな嫌いがある。

「清潔」の追求は「汚い物」即ち異分子を忌み嫌う以上、苦もなく差別と結びつく価値観である。そこで、〝清潔願望〟――「きれい」の過大評価を、民主主義に立つ平等意識によって攻撃し、異分子を包み込む必要性を説くことは容易だ。けれども、それでは、「でも、『きたない』よりは『きれい』なほうが気持ちがいいから」という総《すべ》ての理屈を超えた快楽への凭《もた》れかかりを食い止めることは困難であろう。

そうなると、ここはやはり、「きたない」と周りから判定された側が頑張って、消毒殺菌されてしまうことなく自己主張しなければならない。所詮《しょせん》、観念上の「きれい」と「きたない」に絶対基準などないのだから、結局は、あらゆる人々が自分は絶対に「きれい」と信じて生きているだけの話で、その私的物差しを他者に当てはめるなど本来お笑い草なのだ。

もちろん、統一・一体化を目指す消毒殺菌に抵抗することは難しいに違いないが、自然界にも「耐性菌」という物が居る。「清潔」の追求が進む中で、案外しぶとく自らを保持して行くことも、充分可能なはずだ。そしてそれは、僕の自らに対する督励でもある。

『判断停止の快感』大西赤人／三省堂「精選 現代文B 改訂版」平成30年度版

問一　傍線部1「その主体を毀損する」とはどのようなことか。本文に即して具体的な例を挙げて説明せよ。

12点

問二　傍線部2に「厄介な均衡の美まで生まれる」とあるが、なぜここで「厄介な」という修飾語が用いられていると思うか。簡潔に述べよ。

12点

問三　傍線部3の「嫌いがある」を使って、短文を作れ（三十五字以内）。ただし、その意味が的確に表れているような内容であること。

6点

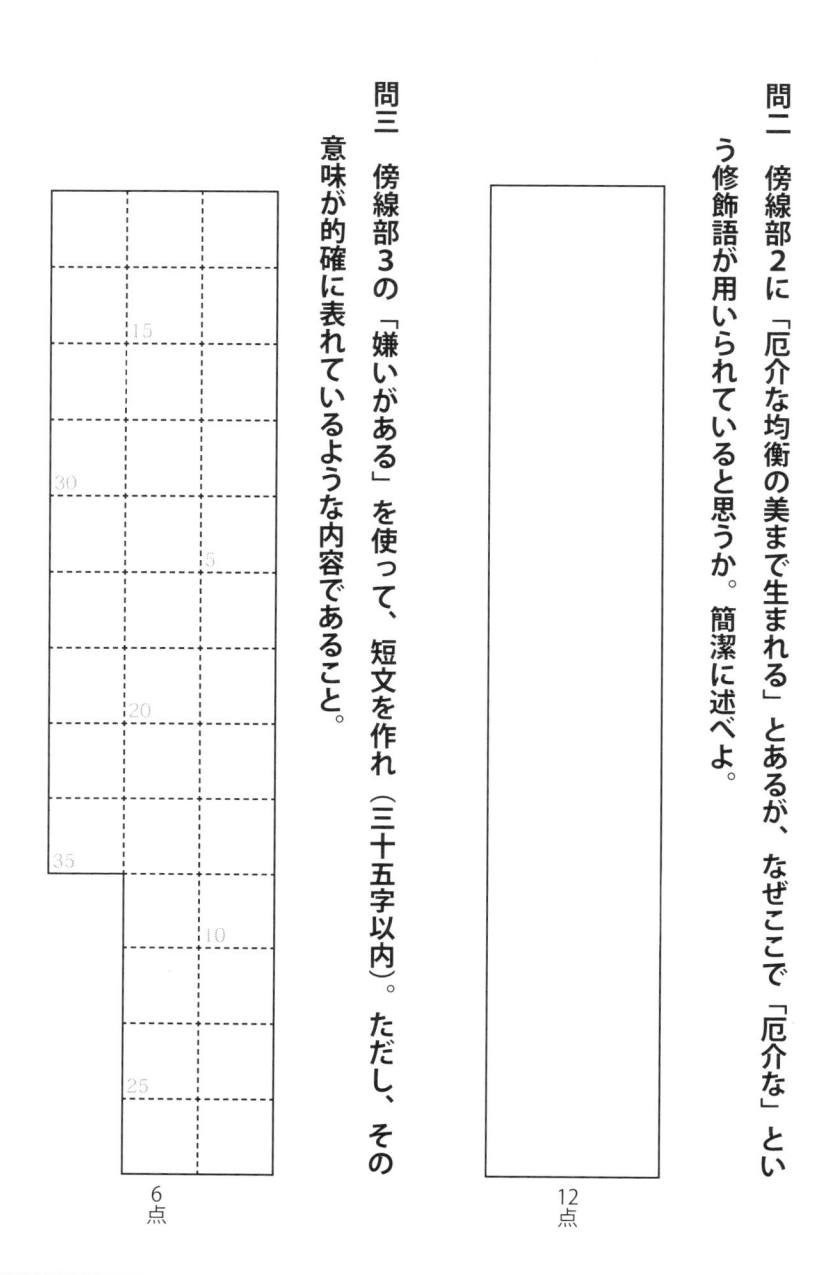

問四　筆者は現代の「清潔願望」という風潮を取り上げることによって、どのような見解を導き出しているか。八十字以内で述べよ。

20点